象棋精妙杀着系列

象棋绝杀实战精选

傅宝胜 编著

时代出版传媒股份有限公司
安徽科学技术出版社

图书在版编目(CIP)数据

象棋绝杀实战精选 / 傅宝胜编著. --合肥:安徽科学技术出版社,2019.1(2023.4重印)
(象棋精妙杀着系列)
ISBN 978-7-5337-7452-3

Ⅰ.①象… Ⅱ.①傅… Ⅲ.①中国象棋-对局(棋类运动) Ⅳ.①G891.2

中国版本图书馆 CIP 数据核字(2018)第 000396 号

象棋绝杀实战精选 傅宝胜 编著

出 版 人:丁凌云　　选题策划:刘三珊　　责任编辑:刘三珊
责任校对:王　静　　责任印制:李伦洲　　封面设计:吕宜昌
出版发行:安徽科学技术出版社　　http://www.ahstp.net
(合肥市政务文化新区翡翠路 1118 号出版传媒广场,邮编:230071)
电话:(0551)63533330
印　　制:唐山富达印务有限公司　　电话:(022)69381830
(如发现印装质量问题,影响阅读,请与印刷厂商联系调换)

开本:710×1010　1/16　　印张:11.75　　字数:211 千
版次:2023 年 4 月第 2 次印刷

ISBN 978-7-5337-7452-3　　　　　　　定价:48.00 元

前　言

顾名思义,杀法即是将死对方将帅的方法,是象棋对弈者必须掌握的一项基本技术。熟练掌握和运用杀法,在实战中的重要作用是不言而喻的。

众多的教科书上所谈的基本杀法,千篇一律是定义其名称,举局例加以说明,但这些图例皆为虚构图势,是实战中见不到或根本走不出来的,即排局形式。例如教科书上所谈"二路夹车炮"杀法,如下图,其着法为:

红先胜

车二进五　将6进1

车二退一　将6进1　炮一退二

着法:黑先胜

……　车2进5　帅六进一　炮3进7

帅六进一　车2退2

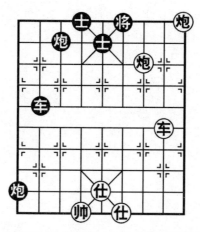

综观上图,这种在残局阶段出现的近于对称形的图例,是编著者煞费苦心编排而出的,简单、易懂,皆为谁先走谁胜。一图两解"二路夹车炮",它准确无误地告诉读者,这种杀法叫作二路夹车炮,对于初学者学习基本杀法有一定的帮助,对于理解杀法名称起到积极作用,但其缺乏实战性和真实性。

对于书城的棋类书籍,据笔者所闻,全面系统地介绍象棋基本杀法在实战中如何运用的图书尚未面世,笔者斗胆做一尝试,在安徽科学技术出版社的大力支持下,不揣冒昧,编撰了这本《象棋绝杀实战精选》一书,不敢说填补这一空白,但至少对初中级象棋爱好者进一步深层次地掌握杀法,灵活自如地运用杀法,将有较大的启迪,能有效帮助他们不断提高棋艺水平,这也是笔者编撰这本书的宗旨和心愿。

傅宝胜

目　　录

第一章　闷将杀法的妙用

 第1局　突施冷箭　石破天惊

如图1-1,是2006年全国象棋甲级联赛中的一个瞬间镜头。由黑龙江赵国荣对江苏王斌以中炮过河车急进中兵对屏风马平炮兑车战至第38回合时的形势,本轮比赛5月17日安排在江苏溧阳天目湖南山竹海最高峰进行,颇有华山论剑之味。观枰:黑方双肋车配合中炮围攻帅府,老将虽登三楼,但有惊无险;红方急于摆脱中路受制的局面,落相兑炮以减压力,岂料黑方弃车砍仕,精彩之至,妙成闷杀。请看:

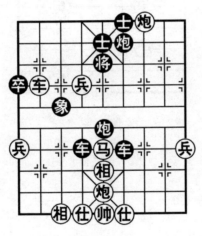

图1-1

着法:红先黑胜。

39. 相五退三　……

落相企图拼炮减压。如改走车八进一,黑则士5进4,车八平六,将5退1,红方也无后续手段,输棋亦在所难免。

39. ……　车6进3

突施冷箭,精彩之极,闷杀形成。

40. 帅五平四　车4进3

红方投子认负。以下红方如续走炮五退一,黑则车4平5,帅四进一,士5进6杀,黑胜;又如红走帅四进一,黑士5进6杀,亦胜。

第2局　花心采蜜　一气呵成

如图1-2,选自《象棋实战杀局宝典》,枰面形成红方车双炮四兵单缺仕进攻黑方车马炮三卒双士。通观全盘优劣局势:黑方车马卒三子临门,黑车正捉红方单缺仕;红方车双炮兵从左、中、右三面围剿黑将。请看红方利用抽将选位,腾挪闪击,花心采蜜,弃车砍仕等战术,一气呵成"闷将"杀法。

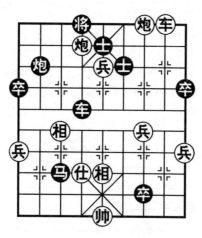

图1-2

着法:红先胜。

1. 炮三退一　　士5退6　　2. 炮六平四!……

平炮闪击,入局好手!

2. ……　　　炮2退2　　3. 兵五进一!……

花心采蜜,步步催杀! 暗伏车二平四的凶着。

3. ……　　　车4进3

无奈的选择,如改走士6退5,红方则炮三进一杀。

4. 车二平四!　炮2平6　　5. 炮三进一!

闷将杀,红胜。

 第3局　御驾亲征　送佛归殿

如图1-3,是1987年全国象棋个人赛河北胡明与上海单霞丽以"飞相局对左中炮"列阵对垒战至第13回合时的枰面。观枰:红方失子占势,双车、炮位置极佳,且挟先行之利;黑方虽多一子,但窝心马和中路的弱点暴露无遗。且看红

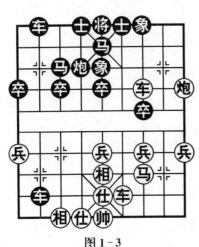

图 1-3

方利用弃子手段,妙用"闷将"杀法而获胜。

着法:红先胜。

14. 炮一平五　……

飞炮镇中,黑方立现窘境。

14. ……　炮 4 进 6

打车踩炮,极力摆脱中炮的威胁。

15. 车四进八!　……

弃车杀士,铸成"闷将"杀法,是眼前唯一的速胜妙手!

15. ……　将 5 平 6

16. 车三平四　将 6 平 5

17. 帅五平四

"闷将"绝杀不改,红胜。

 ## 第4局　舍身闷将　扣人心弦

如图 1-4,是上世纪 20 年代末,已故著名棋手林奕仙访问台湾与当地名手陈番对局时弈成的一个中局形势。双方子力相等,黑方上一步走出平炮打车、轰相的恶着,眼看红方将要丢子失势,且看红方如何应对:

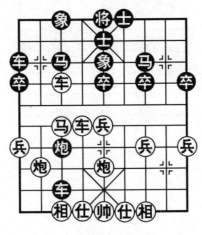

图 1-4

着法:红先胜。

1. 马七进八!　……

跃马窥槽,绝妙佳着! 以车为诱饵,设下陷阱,佯装不察黑方计谋,投其所好。

1.…… 　　炮 3 进 3 　　**2. 仕六进五** 　炮 3 退 6

3. 马八进七!……

鬼斧神工,再弃一马,乃神来之着。

3.…… 　　炮 3 退 2 　　**4. 炮八进七** 　士 5 退 4

5. 车六进五 　将 5 进 1 　　**6. 炮八退一**

绝杀,红胜。

如此精彩动人的杀局,体现了老一辈棋手精湛的棋艺。

 第 5 局　　三面楚歌　　五步速胜

如图 1 - 5,是 1998 年湖北特级大师柳大华与江苏特级大师徐天红于广州弈战 15 回合时的中局谱。现轮红方走棋,且看柳特大三面围攻、五步速胜的昔日杰作。

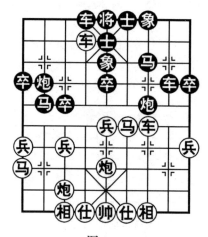

图 1 - 5

着法:红先胜。

16. 车六平八 　车 4 进 3

红方避兑车而捉炮,黑方升车护炮,皆为双方必然着法,但这一交换致使黑方底线漏风,潜伏危机。

17. 车八进一 　士 5 退 4 　　**18. 兵五进一!……**

乘机冲中兵威胁黑方 7 路象头炮,佳着!

18.…… 　　马 7 退 5 　　**19. 兵五平六!** 　车 4 平 3

红兵平肋道欺车,为右翼夺子埋下伏笔,真乃左、中、右三面围攻,妙不可言。

20. 车三进一！

红方得子胜。黑如走象5进7去车,则红炮七平六,形成闷将绝杀,堪称速胜典范。

 # 第6局　马失前蹄　追悔莫及

图1-6为《棋艺》刊登的"翔龙杯"女子象棋大师电视快棋赛中,黎德玲对欧阳婵娟战完54个回合时的枰面。

现轮红方走子。

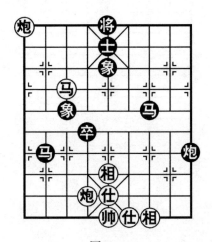

图1-6

着法:红先胜。

55. 马七进六　卒4进1	**56.** 马六进八　象5退3
57. 炮九平七　炮9平5	**58.** 帅五平六　炮5退4

59. 马八退七　……

此时红方已处劣势,只有回马作杀,别无良策。胜负在此一搏了。

59. ……　　　马7进5

马失前蹄。由于时间紧张,黑方尚未察觉红方存在的闷将手段。此马一出,导致全军覆没。无限江山,别时容易还时难。

60. 马七进六

闷将! 红方的闷将计划侥幸实现。

第7局　进炮底线　两翼包抄

图 1-7 为第七届"棋友杯"赛上的一个中局镜头。乍看枰面,黑攻势强大;红右车晚出,只有单车双炮参加战斗。请看红方如何行棋:

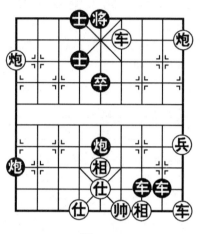

图 1-7

着法:红先胜。

1. 炮一进一

此炮一发,形势骤变。红方制定了恶毒的闷将计划。

1. ……　　炮1平2

企图破坏红方闷将计划。

2. 炮九平七　……

红方继续贯彻闷将计划。企图炮七进二再车四进一闷杀。

2. ……　　炮5平6

黑无法阻止红方的闷将,无奈弃炮。

3. 车四退五　炮2进1　　4. 车四进六　将5进1

5. 车四退一　将5退1　　6. 炮七进二　士4进5

7. 车四进一　闷杀(红胜)

 第8局　车炮轰鸣　不及掩耳

图 1-8 为北京臧如意与江苏徐天红弈成的中局形势,此时红突施妙手,一气呵成,请欣赏红方入局的精彩着法。

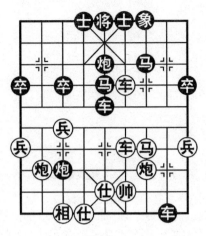

图 1-8

着法:红先胜。

29. 前车进三 ……

弃车砍士,引离7路黑马,妙极! 为制造闷将杀铺路。以下黑只能马7退6,炮八进七,士4进5,炮三进七,马6进7,车四进六闷将,红胜。

 第9局 兵炮设伏 老马识途

2005年4月13日,在武汉象甲联赛上,湖北汪洋与上海谢靖弈至如图1-9形势,目前黑马捉双,请看红方如何应对:

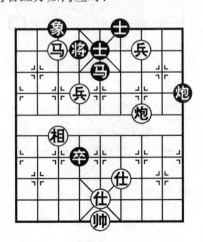

图 1-9

着法:红先胜。

61. 马七进九	马5退7	**62.** 炮三平六	士5进4
63. 马九退八	将4平5	**64.** 马八进七	将5进1
65. 兵六平五	将5平6	**66.** 炮六平九	炮9退1
67. 炮九进二	将6退1	**68.** 兵五进一	马7进8
69. 炮九进一			

下伏马七退五闷将,红胜。

 第 10 局　马炮攻城　小卒建功

在第十一届亚洲城市名手赛上,新加坡张心欢与中国王琳娜在新加坡弈成如图1－10残局。两位巾帼英雄已大战三个多小时。由于时间紧张,上一着红方走出仕五进六的败招,黑方抓住机遇,以闷将杀法一举破城,以下请看黑方入局着法:

着法:黑先胜。

49. ……	炮1进3	**50.** 仕六进五	马3退1
51. 炮七进一	马1进2	**52.** 仕五退六	马2退3
53. 仕六进五	卒4进1(黑胜)		

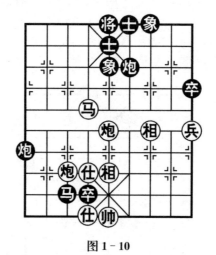

图 1－10

 第 11 局　计算严密　一鼓作气

如图1－11是1985年全国象棋个人赛浙江陈孝堃对内蒙孙启忠的实战中

残局。现轮黑方走子，9 个回合之内的变化，黑方计算无遗漏，一鼓作气，形成精彩的闷将杀局。

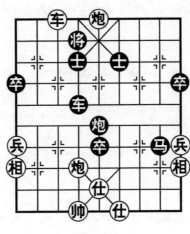

图 1 - 11

着法：黑先胜。

1. ……　　　　车 4 进 3！

弃车杀炮入局，技惊四座，计算准确无误！

2. 仕五进六　炮 5 平 4　　3. 仕六退五　……

如改走帅六平五，则马 8 进 7，帅五进一，卒 5 进 1，帅五平四，马 7 退 6 伏双杀，仕四进五，炮 4 平 6，仕五进四，马 6 进 8 双将杀！黑方速胜。

3. ……　　　卒 5 平 4　　4. 仕五进六　卒 4 进 1

5. 帅六平五　马 8 进 7　　6. 帅五进一　马 7 退 6

7. 帅五退一　卒 4 进 1！　8. 炮五退八　……

如改走仕四进五，则黑卒 4 平 5，帅五平四，炮 4 平 6 杀，黑胜。

8. ……　　　炮 4 平 5！　9. 炮五平四　马 6 进 5

黑胜。黑方弃车后，计算准确，马炮卒紧密配合，一气呵成闷杀。

第二章　挂角马杀法的妙用

 第1局　乘虚而入　挂角制胜

如图2-1,是1990年全国象棋团体赛上海万春林对沈阳金松,双方以"中炮巡河炮对屏风马"开局弈至第12回合时的盘面,红炮正轰黑车,要黑方表态,黑随手兑车招致红方运子紧逼,巧妙构成挂角马杀,请看实战:

着法:黑先红胜。

12.……　　　车1平2

兑车顿显右翼空虚,招致速败。若改走象3进1,则马七进五,虽也难招架,但好于实战。

13.车八进九　马3退2

14.马七进八!……

进马压马乃运子的好手!黑方兑车的恶手凸现。

14.……　　　炮7进5

15.炮九平八　……

至此黑方看到以下挂角马的杀法,遂认负,续弈则如下:

15.……　　　炮7进3

16.帅五进一　车7进2

17.炮八进五　士5退4

18.车四平六　士6进5

19.炮五平七　将5平6

20.炮七进七　将6进1

21.马八进六!

红马踩士挂角杀!

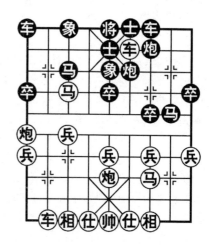

图2-1

第2局 双马对称 骑宫杀王

如图2-2,是1995年全国象棋团体赛的实战对局,黑方多卒缺象,红方三子归边占势,现轮红方走棋,请欣赏红方双马对称宫角成杀的精彩一幕:

着法:红先胜。

1. 炮九进六! ……

伸炮次底线形成双马炮三子联攻之势,佳着。

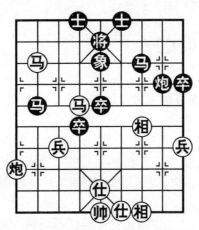

图2-2

1. ……　　炮8平4　　2. 马六进八!　将5退1

红方进马,伏前马踩炮后,马后炮杀!黑方下将如改走将5平6,前马进六,士6进5,马六退五,得马胜。

3. 后马进六　将5进1　　4. 马八进六!　将5退1

5. 马六退四　将5进1　　6. 马六进八　炮4退2

7. 马八退六!

双马两次对称宫角成杀,奇妙!红胜。

第3局 献挂角马 一着制胜

如图2-3,是1997年全国象棋个人赛江苏王斌与张申宏的实战中局。乍看枰面红方局势已危,且看红方借先行之利突发妙手:

着法:红先胜。

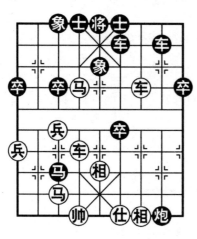

图 2 - 3

1. 马六进四！　士 4 进 5

红马挂角双重威胁，巧妙！黑撑士无奈，如改走车 6 进 1，则车六进六，将 5 进 1，车三平六，将 5 平 6（如改走象 5 退 7，后车进二，将 5 进 1，前车平五，士 6 进 5，车六退一杀），后车进二，士 6 进 5，前车平五胜。

2. 车三平七　马 3 退 2

3. 车七进一　车 8 进 2

黑进车马口，防红车六进五堵象眼绝杀，十分无奈。

4. 马四退二　卒 6 平 5

5. 马二进三！……

弃马陷车，妙手！黑方回天无力！

5. ……　　　　车 6 平 7　　6. 车六进五！

黑虽弃车努力坚持，但红上着贴马缠车，招法精警，得以抢先成杀，红胜。

　第 4 局　扬仕阻炮　妙胜一着

如图 2 - 4，是 1963 年全国象棋锦标赛江苏周顺发对安徽徐和良的实战中局。现轮红方走棋，请看红方支仕拦截黑炮回防，妙演挂角马杀法的精彩一幕：

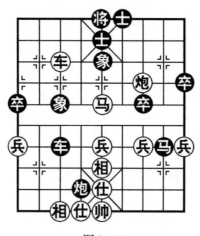

图 2 - 4

着法：红先胜。

1. 仕五进六!……

伏车七进二,士5退4,马五进四,将5进1,车七退一的杀着,精妙而实用,一招成绝杀!

如黑方接走马8进7,则帅五平四,马7退5,帅四进一,马5退7,帅四退一,以下黑有两种走法皆难逃一败,试演如下:①象5退7,则红车七进二,士5退4,马五进四,将5进1,车七退一,将5进1,炮三进一杀;②将5平4,则红炮三进三,象5退7,车七进二,将4进1,马五进七侧面虎杀,红胜。

第5局 进炮失策 速遭绝杀

如图2-5,是1980年4月22日福州全国象棋团体赛第1组第3轮云南陈信安对江苏戴荣光,由中炮横车七路马对屏风马开局战至19回合时的中局形势。红方在失子情况下,又走出假棋,仅弈4个回合就被黑以挂角马绝杀。

着法:红先黑胜。

20. 炮八进三……

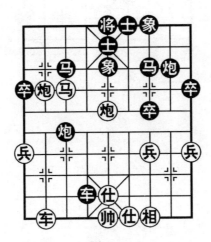

图2-5

沉炮失察,应改走车八进四,不致速败。

20.……　　**炮3平5!**　　**21. 仕五进六**……

被迫卖空头炮,若相三进五,则炮8进7杀。

21.……　　**马7进6**　　**22. 车八进四**　　**马6进7**

23. 车八退二……

防黑马7进5的双重威胁。如改车八退一,则马7进8!车八平四,炮8平7,天地炮绝杀,黑胜。

23. ·····　　马 7 进 8！

下一步马 8 退 6 挂角,绝杀！黑胜。

第 6 局　辗转腾挪　车献炮口

如图 2-6,是 1988 年全国象棋团体赛湖北刘振文对河北阎文清弈成的中残局。轮至走棋的红方运用腾挪、顿挫、献子拦截等战术,快速入局,构成挂角马杀势。着法如下:

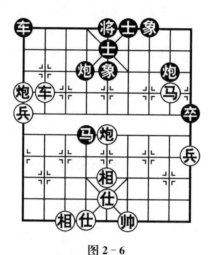

图 2-6

着法:红先胜。

1. 车八平四! ·····

平车叫杀,引出黑将,过门有力,是入局的好手!

1. ·····　　将 5 平 4

2. 炮九平六　炮 4 平 3　　**3. 炮六退一! ·····**

退炮通车,暗伏杀机,含蓄精巧!

3. ·····　　车 1 进 4　　**4. 车四平六**　将 4 平 5

5. 车六进一!

炮口献车,伏挂角马杀,获胜妙手!黑如接走炮 8 平 4 吃车,则马二进三卧槽马杀,红胜。

第 7 局　策马挂角　气壮山河

图 2-7 为 1981 年于温州举办的全国联赛上,广东吕钦对湖北胡远茂弈完

66 个回合后的局面。请看红方如何入局：

着法：红先胜。

67. 炮五平九　卒 7 进 1

68. 兵七进一　车 5 退 2

69. 炮九退一　车 5 进 2

70. 炮九进五　车 5 平 3

71. 相五进七　车 3 进 3

72. 帅四进一　炮 6 平 2

73. 马八进六

红马挂角气壮山河，以下黑只能士 5 进 4，车四进三，将 5 进 1，兵七进一，炮 2 退 5，兵七平八，马 1 进 3，兵八平七，黑担雪填井无济于事。红巧用挂角马连杀。

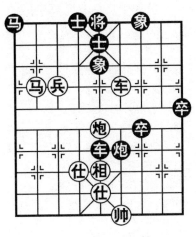

图 2 - 7

 第 8 局　抽刀断水　水流更猛

图 2 - 8 为 2000 年全国象棋等级赛上，女子组常婉华对赵冠芳弈完第 21 回合时的场面。枰面上，红棋左翼不太舒展，请看黑方如何进攻：

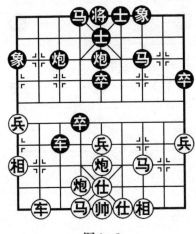

图 2 - 8

着法：红先黑胜。

22. 马三进四　炮 5 进 4

红方放弃中兵导致局势恶化。

23. 炮六进八　士 5 退 4　　**24.** 马四进六　车 3 退 2

25. 马六进七　车 3 退 2

红马长途跋涉，换取目前尚未投入战斗的黑炮，步数亏损。

26. 车八进三　马 7 进 6　　**27.** 车八进二　马 6 进 8

红抽刀断水水更流。

28. 马六进八　车 3 进 7　　**29.** 马八退六　车 3 平 1

30. 车八平三　卒 4 进 1　　**31.** 车三退二　马 8 退 6

32. 车三平四　马 6 进 4

再次抽刀断水，黑胜定。

以下红如续走车四进一，则马 4 进 2，车四平七，马 2 进 4，挂角马杀。

第 9 局　跃马避兑　一着两用

在第二届亚洲杯象棋赛上，香港朱俊奇对阵澳门刘永德。图 2-9 为双方战成的中局形势。枰面上双方大子基本相同，但黑方车双马已逐步向红方腹地推进，请看黑方如何破城：

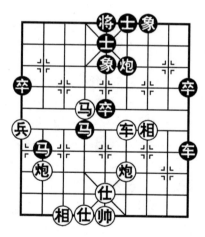

图 2-9

着法：黑先胜。

1. ……　　　　　马 4 进 6

目前枰面存在兑炮形势，黑马闯入敌阵，既避免兑炮削弱攻击力量，又为扑槽牵制敌军打下基础，真可谓一着两用。

2. 马六进八　卒 5 进 1　　**3.** 车四进二　车 9 进 3

4. 炮四退二　马 6 进 7　　**5.** 车四退五　马 2 进 4

黑马挂角一锤定音。

6. 仕五进六　车 9 平 6

吃炮抽车。黑胜。

 第 10 局　两度挂角　三英擒敌

图 2 - 10 为辽宁卜凤波对河北苗利明所弈成的残局,观枰面黑方已明显占优,现轮黑方走子,请看黑方如何攻城:

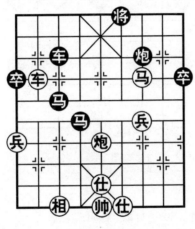

图 2 - 10

着法:黑先胜。

36. ……　　　　马 3 进 2

黑方拟定了以挂角马攻城计划。

37. 车八平四　炮 7 平 6　　**38.** 炮五平六　车 3 进 7

39. 仕五退六　马 2 进 4

一度挂角,赶帅离位。

40. 帅五进一　前马退 6　　**41.** 帅五退一　马 6 进 7

42. 车四退五　马 4 进 6　　**43.** 马三进二　将 6 进 1

44. 马二退四　马 6 进 4

二度挂角红丢车。黑胜。

第11局　大刀阔斧　弃子夺势

图 2-11 为辽宁赵庆阁对宁夏王贵福激战 22 个回合时的中局形势。现轮红方走子。

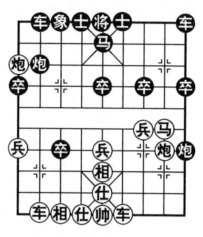

图 2-11

着法：红先胜。

22. 车八进六　……

炮置象口而不顾，竟车伸卒林线，有胆有识。

22. ……　卒 5 进 1　23. 马二进三　车 9 平 8

24. 马三退五　……

现置双炮被捉于不顾，回马作杀，好棋。

24. ……　马 5 进 3　25. 炮九平七　车 8 进 6

26. 车八进一　……

石破天惊，黑方如坠五里雾中。

26. ……　车 2 进 2　27. 马五进六

挂角，一锤定音。黑如续走，将 5 进 1 车四进八杀，红胜。

第三章　二路夹车炮杀法的妙用

 第1局　双炮夹车　攻城擒王

如图3-1是2006年全国象棋团体赛王晴对张国凤战至第26个回合时的形势。红方兵种齐全而又多兵，子力上已占优势。反观黑方双炮分布于左右两侧，乍看很难与车配合构成战术组合，形成杀势。然而，黑方利用先行之利，巧妙运用二路夹车炮杀法获胜，请看实战。

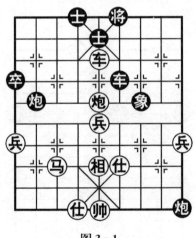

图3-1

着法：黑先胜。

26.……　　　　车6平8

平车飞车！先手抢占重要线路和攻击要道，为二路夹车炮杀法奠基。

27.车五平三　……

红如改走车五平八捉炮，黑则炮2进4与实战殊途同归，红亦难招架。

27.……　　　　炮2进4

进炮点穴，着法精警而绝妙！

28.车三退二　车8进6　　29.帅五进一　车8退1

30.帅五退一　炮2平7

运子顿挫井然！顺利完成二路夹车炮战术组合，杀法干净利落，红方难挽厄运。

31. 车三进四　将6进1　　**32.** 炮五平一　……

平炮解围无奈之举。如改走车三退八啃炮,则车8平7,红亦败局已定。

32. ……　　炮9平8

速胜佳着! 如贪吃炮改走炮9退5则俗不可耐,红方多有纠缠,胜负道路漫长。

33. 炮一平二　车8平9(黑胜)

 第2局　车联炮合　底线突破

如图3-2,选材于2006年5月苏州第3届全国体育大会"浦发银行杯"象棋比赛,是江苏徐超对澳门李锦欢的实战中局。轮徐超先走,红炮像一颗精确的导弹深入敌腹实施第一次打击后,立即转向侧翼目标,之后形成精美的"夹车炮"杀棋组合,令人拍案叫绝!

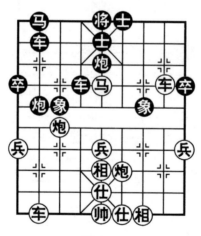

图3-2

着法:红先胜。

1. 炮四进六! 士5进6

红方进炮打车巧妙! 黑方如不扬士改走车2进2欲牵马得子,则红炮四平一,将5平4,炮一进一,将4进1,炮一平八,车2退3,炮七平六,士5进4,车八进四,炮2退1,车二进二,将4退1,马五退三,红方胜势。

2. 炮四平二! 车2进2　　**3.** 炮二进一　士6进5

4. 车二平三　……

弃马策划"夹车炮",深谋远虑之佳着!

4. ……　　车4平5　　**5.** 车三进三　士5退6

6.车三退四 ······

顺手牵羊扫除障碍是上一手棋的后续动作,也是为"夹车炮"战术组合做准备。

6. ······ 士6进5 **7.** 车三进四 士5退6

8.炮七平三! ······

绝妙的"夹车炮"杀棋组合!暗伏车三退三抽车的恶招。

8. ······ 将5平4

只能如此!如改走车5平8,红抽车胜定;又如改走炮5进4,红则车三退三,将5进1,车三进二,将5进1,炮三进三,士6退5,炮二退二重炮杀。

9.车八平六 马2进4 **10.车三退一**

以下黑如接走士6进5,则车三平五杀!红胜。

 第3局 戴"天地帽" 聚车炮杀

如图3-3,选自2001年全国象棋个人赛,是红黑双方演绎成的实战中局。红方通过一系列巧妙着法,形成天地炮的凌厉攻势,后又灵活转移进攻方向,构成"双炮夹车",令黑方防不胜防。

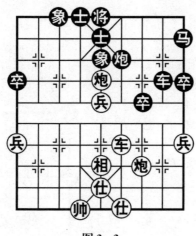

图3-3

着法:红先胜。

1.相五进七! ······

扬相通炮左移,制造凌厉攻势,好棋!

1. ······ 炮6退2

如改走卒7进1,则红方炮三平七,象3进1,炮七平八,马9退7,炮八进七,象1退3,车四平六,将5平6,炮五进二,轰士红方胜势。

　　2.炮三平七　　象3进1　　3.炮七平八　　象1退3

　　如改走马9进7,则红炮八进四,车8进2,车四进四,捉双,黑方更难招架。黑应改走马9进7暂无大碍。

　　4.炮八进四　　车8进2　　5.车四进五　　马9进8

　　6.炮八进三!……

　　红方伸炮打车,进车捉马,沉炮叫杀,着法紧凑,次序井然!

　　6.……　　　　车8平4　　7.帅六平五　　车4退4

　　8.炮五平一　　车4平2

　　红炮转攻侧翼,招法灵活,令黑防不胜防;黑如改走马8进7,则炮一进三,炮6进9,帅五平四,红胜势。

　　9.炮一进三　　炮6进9　　10.帅五平四　　车2进8

　　11.帅四进一　　士5进6　　12.车四平二　　马8进7

　　13.炮八退一!车2退3　　14.炮八平三　　车2平9

　　15.炮一平二　　(红胜)

 ## 第4局　改革赛制　精彩纷呈

　　如图3-4,是2006年7月30日中国棋院第5届"威凯房地产杯"象棋大师排位赛江苏王斌对上海胡荣华,由中炮过河车急进中兵对屏风马平炮兑车演变至27回合的中局形势。由于赛制的改革,黑方和棋得2分,红方和棋得1分,而此局为半决赛,胡荣华只要弈和则可进入决赛,王斌则需取胜才行。开局阶段红方采用了一般认为是红亏的变化,旨在消耗黑方时间达到出奇制胜的目的,岂料胡司令选择正确,控制了局面,枰面黑集四子于一边,现轮黑走,且看黑方如何操刀:

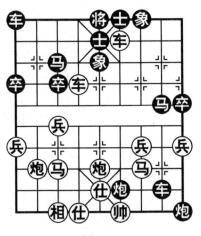

图3-4

　　着法:黑先胜。

　　27.……　　　　车1平2

　　出车明为牵制,实则暗伏车2进7吃炮,再炮六平七形成双炮夹车的杀势,着法巧妙而凶险。

　　28.车六平七　　马8退7

　　黑方退马预防红铁门栓杀势,伏炮6平7的凶着,好棋!如改走车2进7去炮,则车七进一(不宜炮五平八贪车,则炮 6 平 7,下着炮 7 进 1,马三退二,炮 7 退 2,马二进四,车 8 进 1,臣压君黑方速胜),红方优势。

29. 兵三进一　……

无奈之着。如改走车七进一,黑则炮 6 平 7,红方也难逃厄运。

29. ……　　　炮 6 平 7　　**30.** 帅四进一　炮 7 进 1

31. 帅四进一　炮 9 退 2　　**32.** 马三进二　车 8 退 1

33. 帅四退一　车 8 退 2

红方难以防御黑"二路夹车炮"的杀势,主动投子认负。

第 5 局　　御驾亲征　　夹车炮胜

如图 3-5,是 1998 年 3 月全国象棋团体赛男子乙组第 5 轮上海纺织丁传华对厦门郑一泓,以"对兵局"布阵仅弈 3 个半回合的形势。黑方借先行之利,以精彩快速的"双炮夹车"杀,令人叹为观止。

着法:黑先胜。

4. ……　　　炮 2 进 2!

炮升巡河叫杀,置底线抽车于不顾,凶悍、巧妙!

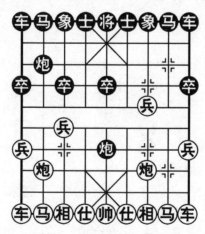

图 3-5

5. 炮三进七　将 5 进 1　　**6.** 帅五进一　车 9 进 2

虽双方将帅先后起"驾",但黑车抢先出动,配合双炮攻势凶猛,明显黑方大优。

7. 马二进三　炮 2 平 5　　**8.** 帅五平四　车 9 平 6

9. 炮八平四　车 6 进 5!

以车啃炮,痛下杀手,入局佳着!

10. 帅四进一　车1进2! **11.** 兵三平四　车1平6!

黑方步步追杀,乃弃车后的连续动作,精彩!

12. 炮三退五　……

如改走马三进二,则马8进7,红方速败。

12. ……　　　　车6进2 **13.** 炮三平四　前炮平7!

平炮别马腿,催杀,紧凑好手,妙极!

14. 帅四平五　车6进1

眼睁睁看着大炮被卸,却毫无办法。

15. 马八进七　将5平4!

出将助攻,红方四、五、六3路纵线受制,成夹车炮杀,黑胜。

　第6局　顿挫有致　乘隙合击

如图3-6,是1985年全国象棋团体赛浙江陈孝坤对四川李艾东的实战中残局。观枰:此时双方三个强子均无联络,看似皆难以组织进攻,但轮至走棋的红方却有集结兵力、巧妙入局的手段。

着法:红先胜。

1. 车四平八!　车2平6

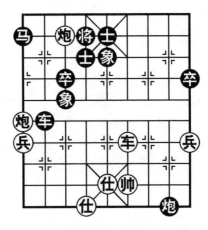

图3-6

红方右车左移施虎口拔牙术过门有力,是集结兵力成“三子归边”的妙手!黑如吃车则炮九平六闷杀。

2. 仕五进四　马1退3　　**3.** 炮九平八!　士5退6

红方平炮,暗伏炮八进四,将4退1,炮八进一,将4进1,炮七平九,再车八进五的杀手;黑方落士,为老将逃跑开道。

4. 炮八进四　将4退1　　**5.** 炮八进一　将4进1

6. 炮七退三!　……

沾光就走,灵活机动!如仍走炮九平七,则士4退5,车八进五,将4进1,黑将虽登三楼,红却一时难以成杀。

6. ……　　　　　马3进2

黑为解杀,只能如此。如改走士4退5,则炮七进四得马,黑亦败定。

7. 炮七平六　马2进4　　**8.** 车八进五　将4退1

9. 炮六平九

形成二路夹车炮杀局:下着炮九进四,红胜。

 第7局　马踏中象　舍生取义

图3-7为在亚洲象棋锦标赛中,越南蒙世行对香港赵汝权弈至第24个回合时的局面。现轮黑方行棋。

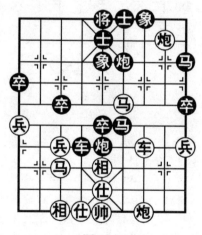

图3-7

着法:黑先红胜。

24. ……　　　　马9进8

黑方尚未察觉红有马四进五的攻击手段。

25. 马四进五　士5进4

马踏中象,一矢中敌。

26. 炮三进九　将5进1　　**27.** 车三进五　将5进1

红马踩象,功德无量。献子舍生取义,为掩护战友用"二路夹车炮"杀敌而含笑捐躯。

28. 炮二退一 炮6进2 　 29. 马七进五 车4平5

30. 车三平四 马8退6 　 31. 车四退二 炮6平4

32. 车四进二 （红胜）

 第8局　进车二路　推波助澜

图 3-8 为河北阎文清与南方棋院宗永生弈完第 36 个回合时的枰面。

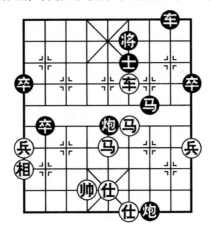

图 3-8

着法:红先黑胜。

37. 车四平六 炮7退1 　 38. 仕五进六 车8进8

开始酝酿"二路夹车炮"攻击计划。

39. 车六退一 马7进6 　 40. 马四进三 将6平5

41. 帅六退一 车8进1 　 42. 仕六退五 炮5进3

43. 帅六平五 炮5退1 　 44. 帅五平六 车8平6

45. 帅六进一 炮5进1 　 46. 马五退四 车6退1

下一着黑车6进1,二路夹车炮胜。

 第9局　弃兵移车　攻敌右翼

图 3-9 为杨德琪与北京张强大战 44 个回合后的局面。目前红方多两只过河兵,已呈胜势,且看红方如何操刀:

着法:红先胜。

45. 炮七进六　　将 4 进 1

46. 车五平八　……

红方弃兵,大车左移,以二路夹车炮的凶猛攻势入局。

46. ……　　　　车 4 退 2

47. 兵九进一　　车 4 进 6

48. 帅五进一　　车 4 退 1

49. 帅五退一　　车 4 进 1

50. 帅五进一　　车 4 退 1

51. 帅五退一　　象 5 进 3

52. 车八进三　　将 4 进 1

53. 车八退一　　将 4 退 1

54. 炮七退一　　(黑无解)

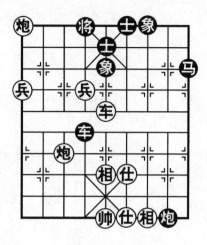

图 3 - 9

 第 **10** 局　　大圣出山　万夫莫敌

图 3 - 10 为象棋大师郭长顺在"少林口乐杯"象棋棋圣赛上对陈孝堃弈完 31 个回合后的枰面。此时红突施杀手,令黑猝不及防。

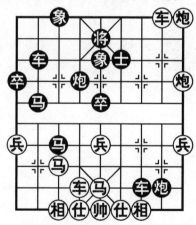

图 3 - 10

着法:红先胜。

32. 马五进三

山崩地裂,飞出孙大圣。以下黑方无论走车 7 平 4 还是炮 8 平 4,红方均车二退一、将 5 退 1、后炮平三成夹车炮杀。

　　　第 11 局　弃车造杀　石破天惊

图 3 - 11 为四川蒋全胜与广东吕钦战完 41 个回合后的形势。以下请欣赏吕少侠大胆弃车，以二路夹车炮杀法制胜的精彩着法。

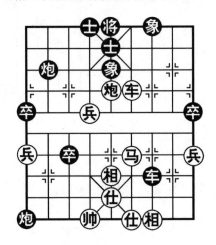

图 3 - 11

着法：红先黑胜。

42. 马四进二　炮 2 进 7　　**43.** 帅六进一　卒 3 进 1
黑卒衔枚疾走，闯入敌穴，与大车具有同等威力了。

44. 炮五退三　卒 3 进 1　　**45.** 帅六进一　炮 1 退 2
红无解。

第四章　马后炮杀法的妙用

 第 1 局　妙轰底士　马后炮杀

　　图 4-1,是 2006 年 5 月第 3 届全国体育大会"浦发银行杯"象棋赛第 8 轮辽宁卜凤波对湖南孙浩宇弈至第 26 回合时的中局形势。双方子力完全一样,局势亦大致相当:红有"地炮",黑有"天炮",各具威胁,虽黑马正捉红方"地炮",但红方先走,通过回马照将,炮轰底士,车吃单士等系列精彩着法,做成漂亮的马后炮杀局。

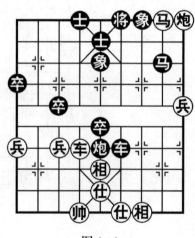

图 4-1

着法:红先胜。

27. 马二退三　　将 6 进 1　　　**28.** 炮一平六!……

炮轰底士,精妙入局!

28. ……　　　　　车 6 退 4

退车捉马亦属无奈。如改走士 5 退 4 去炮,则红车六进六要杀! 红方速胜。

29. 炮六退一　　士 5 进 4　　　**30.** 马三退二　　马 8 进 9

31. 车六进四　　车 6 进 2　　　**32.** 马二进三　　车 6 平 7

33. 马三退一　　车 7 平 8　　　**34.** 炮六平八　　象 7 进 9

这一段着法,黑方贪兵丢士后,以车纠缠红马很不得力,助红马占据好位,红方车马炮构成两翼剪形攻势,锐不可当。此手黑若误走车8退1胁马,则红马一进二要杀!将6平5,车六进一,将5退1,马二退四抽车,红胜。

35. 马一进三　　车8平7　　　**36.** 车六进一　　将6进1

37. 马三进四!

至此红方"马后炮"杀局黑已无法阻挡。以下红伏有车六平四献车!再马四退六"马后炮"杀;又如黑走象5退7,则红车六退一,象7进5,马四退六亦成"马后炮"杀!

 第2局　　双马奔腾　　驹后添炮

如图4-2,是1994年2月山东省青州市谭坊镇第11届象棋赛张玉民与陈天曾以顺炮直车对缓开车战至第9回合时的形势,由于黑方第8、9两个回合的急躁冒进,局势已危在旦夕,且看红方巧运双马,在车的配合下,仅用五手棋妙用马后炮绝杀制胜。

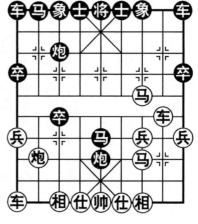

图4-2

着法:红先胜。

10. 马三进四　　将5进1

11. 马三进五　　炮5平6

12. 车二进四　　将5进1

13. 马四退五　　……

退马是进车打将后的连续动作,伏后马进四杀!

13. ……　　　　炮6退4

14. 后马进六　　炮6平4　　　**15.** 炮八平五!

马后炮绝杀,红胜。

 第3局　　弃车护马　　扭转乾坤

如图4-3,是2006年2月25日沧州河北省象棋名人战苗利明对张江的实战中局。上一手黑方上将御驾亲征护炮反捉红车,眼看红方形势告急,丢子似乎已成必然。危难时刻,红方妙手解围,灵活运子,巧用马后炮杀法取胜。

着法:红先胜。

车六进四!　　……

弃车砍炮石破天惊!此手红方如改走车八退一,车3进1,车六进三,虽然

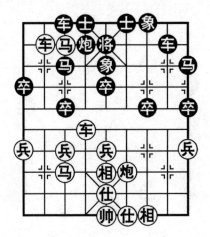

图 4 - 3

也可吃回失子,但着法平庸无奇、俗不可耐,效果与实战相比不可同日而语。

　　1.……　　　　　将 5 平 4　　**2. 炮四进五!** 车 3 平 1

　　红方进炮攻马乃弃车后的连续动作,精巧无比! 黑方有象无处飞,只好忍痛丢马。

　　3. 炮四平七　士 4 进 5　　**4. 炮七退一!……**

　　红方妙手连发,虽可炮七平一去马成多子胜势,但没有实战弈法胜得干净利落。

　　4.……　　　　车 8 进 4　　**5. 兵七进一……**

　　又是巧妙的一手,切断黑车支援右翼的通道,黑方败局已定。

　　5.……　　　　车 1 进 2

　　无奈之策。如改走卒 3 进 1,前马退八,将 4 退 1,炮七平六,将 4 平 5,马八进七,将 5 平 4,车八退一,将 4 进 1,前马退八,士 5 进 6,车八进一,将 4 退 1,马八进六马后炮杀,红方亦胜。

　　6. 前马退八　将 4 退 1　　**7. 炮七平六**

　　面对红方马后炮杀,黑见已难防守,认负。

第 4 局　　篡位红车　　妙构绝杀

　　如图 4 - 4,是 1979 年第 4 届全国运动会预赛上海胡荣华对福建蔡忠诚弈成的中残局盘面。现在轮红方走棋,请欣赏红方妙献双炮后,红车篡位所形成的马后炮杀。

　　着法:红先胜。

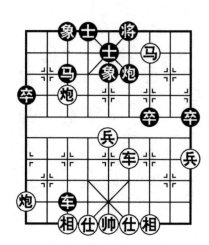

图 4 - 4

1. 炮七退四！……
退炮任黑车选吃，必有一炮可强占四路肋道要杀，着法精妙至极！

1. ……　　　　车 3 退 1　　2. 炮九平四　将 6 进 1

3. 马三退二　士 5 进 4　　4. 炮四进六　将 6 平 5

5. 炮四平二　将 5 平 4　　6. 炮二进一！……

红进炮禁住黑方双士，击中要害！

6. ……　　　　车 3 退 3　　7. 车四进六　卒 7 进 1

8. 车四平五！
平中车绝妙！下一步车五退一献车双将，成马后炮绝杀，红胜。

 第 5 局　车弃将门　老将断魂

如图 4 - 5，是 1961 年苏州庞小予与棋友的实战对局。枰面双方子力基本相当，黑方认为可随时车 7 平 6 兑车而贪吃红炮，却招来杀身之祸，请看实战。
着法：黑先红胜。

1. ……　　　　象 3 进 1
贪吃红炮而招致速败。应改走车 7 平 6 兑车，虽少一象，但有卒过河，黑势不弱。

2. 车四进一！……
弃车绝妙！以下构成连将胜局，马后炮杀法精彩动人。

2. ……　　　　士 5 退 6　　3. 炮一进三　士 6 进 5

4. 马三进四　车 7 退 6　　5. 马四退五　士 5 退 6

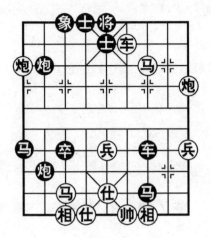

图 4－5

6. 马五进三　将 5 进 1　　7. 炮一退一　（红胜）

 第 6 局　勇弃双车　锋锐无比

如图 4－6，是 1955 年温州象棋高手沈志奕在上海表演赛上所弈成的一个实战中局。黑方因迷恋马 4 进 2 奔卧槽的凶着，出将而不肯车 6 平 5 吃中炮兑子，招来杀身之祸，且看红方的精彩表演：

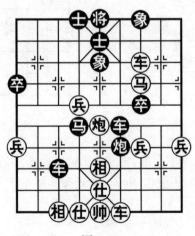

图 4－6

着法：黑先红胜。

1. ……　　　将 5 平 6？

应改走车 6 平 5 吃中炮,则车四进三,士 5 退 6,可以竭力支撑,红要取胜需花费时间。

2. 车四进三!……

弃车啃炮,石破天惊,乃胜算在胸之妙极之着!

2.……　　　车 6 进 1　　3. 车三进二!……

再弃一车,锋锐无比,已成绝杀不改之势!

3.……　　　象 5 退 7　　4. 马三进二　　将 6 进 1

5. 炮五平一!

伏马后炮绝杀,黑虽有双车一马也只能望洋兴叹,红胜。

第7局　八面玲珑　乘虚而入

图 4-7 为 1985 年全国团体赛王嘉良对安徽蒋志梁弈完第 31 个回合的形势。现轮红方走子,请看实战着法:

着法:红先胜。

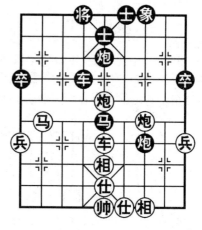

32. 炮五平六	**车 4 进 1**
33. 车五进一	**车 4 平 2**
34. 车五平七	**炮 5 平 2**
35. 车七进五	**将 4 进 1**
36. 马八退七	**炮 7 进 1**
37. 马七进六	**车 2 平 4**
38. 车七退五	**炮 2 平 5**
39. 炮三平五	**士 5 进 4**
40. 炮五退一	**炮 7 退 6**
41. 炮五平六	**车 4 平 7**
42. 马六进七	**将 4 平 5**
43. 炮六平五	**炮 5 平 7**
44. 相三进一	**车 7 进 2**

图 4-7

黑此步进车跟炮算度不精确,是导致失败的根源。后被红方利用落败。

45. 车七平五　　将 5 平 6　　46. 马七进五　　将 6 进 1

47. 马五退四

上一着红马七进五催杀兼捉炮,黑进将无奈,现回马踩车并伏马后炮杀着,黑必失子负。综观此局,红马八面玲珑,黑在红马后炮的威慑下失子告负。

第8局　御驾亲征　马炮建功

图4-8为黑龙江赵国荣对广东吕钦于1995年1月11日在广州奕完43个回合后的局势。上一着黑进3路炮欲兑红二路炮,红若兑炮显然吃亏,处于下风的红方只得避兑求变。

着法:红先黑胜。

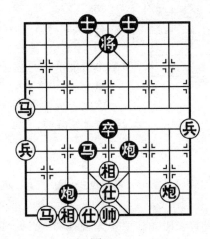

图 4 - 8

44. 炮二进二　马 4 退 6　　　**45.** 炮二退一　炮 3 平 2

46. 马九退七　卒 5 平 4　　　**47.** 马七退八　马 6 进 8

48. 兵九进一　将 5 平 6

主帅出营,观敌瞭阵,刹那间,黑方诸将士气大振。

49. 前马退六　炮 6 退 1　　　**50.** 相五退三　卒 4 进 1

51. 马六进八　炮 6 平 5　　　**52.** 士五退四　马 8 进 6

53. 帅五进一　马 6 退 7　　　**54.** 炮二进三　马 7 进 5

马后炮杀,红无解。

第9局　调虎离山　马炮扬威

图4-9为1997年在吉林市举办的"华丹杯"第九届全国象棋大奖赛上,江苏陆峥嵘与山西牛保明奕完20个回合后的阵形。请欣赏以下黑方以马后炮取胜的精彩着法:

着法:红先黑胜。

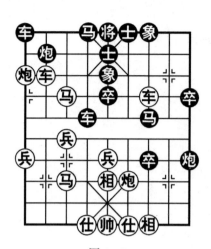

图 4-9

21. 前马进八　　马 4 进 2
22. 炮九平五　　象 7 进 5
23. 车八进一　　车 1 平 4
24. 炮四进六　　马 7 进 8
25. 车八退七　　前车进 4
26. 车八平六　　车 4 进 8
27. 仕四进五　　车 4 退 4
28. 炮四退六　　炮 9 进 3
29. 仕五退四　　马 8 进 7
30. 帅五进一　　将 5 平 4

出将催杀,为马后炮成杀创造条件。

31. 炮四退一　　车 4 进 4

黑此着弃车照将妙极,调虎离山,为马后炮取胜铲除障碍。

以下炮四平六、炮 9 退 1,黑胜。

 第 10 局　平炮进炮　以逸待劳

图 4-10 为吉林洪智与黑龙江李守谦激战 45 个回合时的枰面。请欣赏以下黑方利用子力位置较好的优势以马后炮成杀的精彩着法:

着法:黑先胜。

45. ……　　　炮 7 平 9
46. 马二进一　　炮 9 平 8

红马急于堵炮而缩小了活动范围,此时红除马二进四外别无他着。

47. 马二进四　　炮 8 进 9
48. 马四退三　　炮 8 平 9
49. 马一进三　　将 5 进 1
50. 马三进四　　将 5 退 1

此时红无法把黑将驱出中路,因此等待红方的将是马 7 进 8、帅四进一、炮 9 退 1 的马后炮杀着。

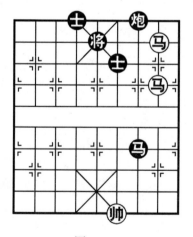

图 4-10

第五章　海底捞月杀法的妙用

第1局　扬相露帅　海底捞月

如图5-1,选自1990年全国象棋团体赛红黑双方战至残局时的盘面。双方形成车炮相斗车卒的残局形势,黑车牢控中路且正捉红相,边卒已渡河助战,一旦黑卒靠近中路或直逼九宫,机会多多,形势岂容红方稍有怠慢。且看红方运子腾挪,炮归"家"、车抢中、扬相露帅、"海底捞月",一锤定音。

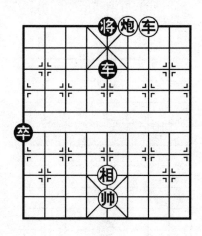

图5-1

着法:红先胜。

1. 炮四退九　……

"残棋炮归家",此时的好手!

| **1.** …… | 将5进1 | **2.** 车三退一 | 将5退1 |

3. 炮四平五　……

保相并伏打死车,一箭双雕。

| **3.** …… | 车5平6 | **4.** 车三退五 | 卒1平2 |

5. 车三平五　……

车抢中路,奠定"海底捞月"杀势。

| **5.** …… | 将5平6 | **6.** 炮五平三 | 车6进6 |
| **7.** 帅五退一 | 车6退3 | **8.** 炮三进九! | 车6进4 |

9. 帅五进一　车6退1　　**10.** 帅五退一　车6退3

11. 相五进三　……

露帅助攻,杀势已成。

11. ……　　　　卒2平3　　**12.** 车五进六　将6进1

13. 炮三平四　车6平7　　**14.** 车五退三

"海底捞月",红胜。

 第2局　闪击腾挪　沉底捞月

如图5-2,选自1962年全国象棋个人赛双方战至残局时的局面。论形势红方车炮被黑车拴链,光杆老帅无仕相助攻;黑方却有双士护身,形成车炮对车双士的形势,是实战中常易遇到的,可谓实战中弈出实用残局。轮红走,上演了迅速取胜的战术杀法,既精妙又有实用价值。

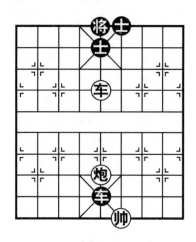

图5-2

着法:红先胜。

1. 炮五平一　车5平9

先用"闪击"战术摆脱拴链,是入局制胜的好手。

2. 车五退四　将5平4　　**3.** 车五平六　士5进4

如改走将4平5,则帅四平五,车9平8,车六进六!车8退8,(不能车8平9,否则形成"二打一还打",黑方违例。)炮一进一!车8平7,车六平八,红胜。

4. 车六进五　将4平5　　**5.** 车六平五　将5平4

如改走士6进5,红则炮一平八,以后帅占中路破士必赢"海底捞月"。

6. 帅四平五　……

弃炮,紧着,伏"千里照面"杀!

6.……　　　　将 4 进 1　**7. 车五退一**　车 9 平 4

8. 炮一进七!(红胜)

下伏车五进三要杀的手段,黑士被破后,形成红车占中"海底捞月"的标准式,着法略。

第 3 局　紧逼夺子　捞月成杀

如图 5 - 3,是 1994 年全国象棋个人赛红黑双方战成的残局形势。观枰:红方车炮单缺仕相对黑方车马卒近乎势均力敌的盘面,岂料红方趁先行之机,平车逼马,巧妙夺子,以下精彩"捞月",煞是好看。

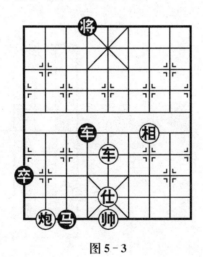

图 5 - 3

着法:红先胜。

1. 车五平七!……

平车逼马,得子在望,走得精彩!

1.……　　　　马 3 退 4

如改走马 3 退 2,则炮八平六,将 4 平 5,车七平五,将 5 平 6,车五平四,将 6 平 5,帅五平四,伏车四平五杀,黑方难以招架,红胜定;又如改走马 3 退 5,则帅五进一,车 4 平 5,相三退五,将 4 平 5,炮八平五,以下胜法同"扬相露帅,海底捞月"(本章第一例)。

2. 仕五进六　车 4 进 2　**3. 炮八进九!……**

进炮成"海底捞月"之势。

3.……　　　　卒 1 平 2　**4. 车七平五**　车 4 进 2

5. 帅五进一　卒2平3　　6. 车五进六　将4进1

7. 炮八平六　卒3平4　　8. 帅五平四！卒4进1

红方帅五平四乃良好的等着；黑方如改车4退1，则帅四退一，以下胜法与实战殊途同归。

9. 相三退一！（红胜）

下面：将4进1，红则车五退一！车4平9，炮六退八，车9退2，帅四平五，"海底捞月"胜。

 第4局　炮塞相眼　掠相捞月

如图5-4，是1980年全国象棋个人预赛浙江于幼华对黑龙江王嘉良弈成的残局。现在轮黑方走棋，请看黑方施展"海底捞月"的绝妙着法。

着法：黑先胜。

1. ……　　　　车6退3

2. 兵四平五　将5进1

3. 车七平六　车6进4！

4. 相九进七　车6退2

黑车利用捉相战术，先手抢占到巡河的重要线路。

5. 相七退九　车6平5

6. 帅五平六　炮5平2

7. 车六退一　将5退1

8. 车六退六　炮2进4！

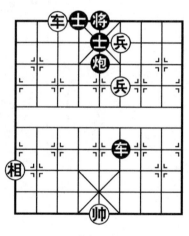

图 5-4

进炮塞相眼，谨防红相九进七兑车，乃获胜之要着！

9. 车六进七　将5进1

10. 车六退一　将5退1

11. 车六退五　炮2进3　12. 相九进七　车5进4

13. 帅六进一　炮2平4　14. 车六平四　车5退4

15. 相七退五　车5进2

掠相巧用"海底捞月"，黑方胜定。

 第5局　炮探深宫　妙趣横生

如图5-5，是1983年全国象棋个人赛黑龙江王嘉良对北京臧如意的实战残局。盘面红车已被黑方双炮牵制,轮到走棋的黑方怎样利用这一优势入局呢? 且看黑方演绎"海底捞月"着法。

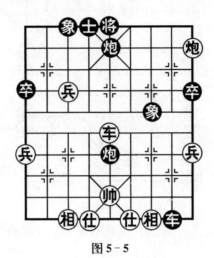

图 5－5

着法:黑先胜。

1.…… 　　　　车 8 退 1　　2. 帅五进一　……

如改帅五退一,则黑象 3 进 5,车五平四,车 8 退 6! 车四平二(不敢车 4 退 3 吃车,否则象 5 进 3 重炮杀),将 5 平 6,兵七平六,前炮进 2! 车二进五,象 5 退 7,兵七平六,车 6 进 1 闷杀。

2.…… 　　　　车 8 退 3　　3. 车五进二　象 3 进 5

4. 车五平四　前炮平 6　　5. 帅五平四　炮 6 进 3!

巧妙的海底捞月,黑胜。

第6局　右炮左移　牵炮陷车

图 5－6 为福建王晓华对煤矿蒋凤山弈成的残局形势,双方呈对攻形势。现轮红方走子。

着法:红先胜。

33. 炮三平八　车 4 进 1

红右炮左移,制定出海底捞月进攻计划。

34. 帅五退一　车 4 退 1　　35. 帅五退一　车 4 进 1

36. 帅五进一　炮 1 退 1　　37. 兵七进一　卒 7 平 6

38. 车五进三　将 4 退 1　　39. 车五进一　将 4 进 1

40. 炮八平六　炮 1 平 4　　41. 兵七进一　(红胜)

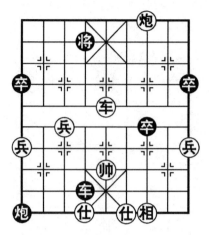

图 5 - 6

由于红方存在海底捞月攻势,黑车炮被牵只能坐以待毙。黑如续走炮 4 退
8,则车五退一,将 4 进 1,兵七进一红胜。

　第 **7** 局　　千里之堤　溃于蝼蚁

图 5 - 7 为中国黑龙江王琳娜与越南黄海平弈完 16 个回合时出现的局面。

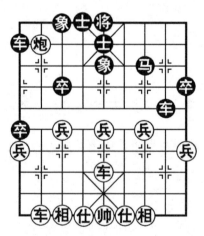

图 5 - 7

以下请欣赏巾帼对弈风采。

着法:红先胜。

17.兵五进一　卒 1 进 1　　**18.**兵五进一　车 1 进 3

19. 兵五进一　车 8 平 5　　**20.** 炮八进一　车 5 进 3
21. 相七进五　马 7 进 6　　**22.** 兵五进一　将 5 进 1

蝼蚁之穴能溃千里之堤。一只小兵衔枚疾进,致使黑防线支离破碎。

23. 车八进八　将 5 进 1　　**24.** 车八平六　马 6 进 5
25. 车六进一　马 5 进 7　　**26.** 车六平五　将 5 平 6

27. 相五退七

将军大脱袍,红以下"海底捞月"胜。

第 8 局　"一将一捉"　自行下岗

无规矩不成方圆。图 5-8 为内蒙古张金刚对安徽胡家立弈完第 136 回合后的残局形势。以下红方利用棋规获胜,请看实战着法:

着法:红先胜。

137. 车四平六　将 4 平 5
138. 车六进四　车 5 平 6
139. 帅四平五　车 6 平 5
140. 帅五平四　车 5 平 6
141. 帅四平五　车 6 平 5

以上黑方着法为一将一捉属"棋规"禁止着法,所以必须变招,以下帅五平四黑不能再将。只得走车 5 进 1,兵三平四,车 5 平 6,帅四平五,车 6 退 1,车六平五,将 5 平 4,相五退七,车 6 平 4,仕五进六,车 4 进 4,车五退一,将 4 进 1,兵四平五,车 4 退 1,兵五平六,车 4 退 1,兵六平七,车 4 平 3,车五进一,下一着车五平六海底捞月。

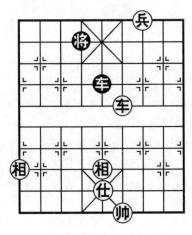

图 5-8

第 9 局　帅后埋雷　定时爆破

图 5-9 为董旭彬与汤卓光在 2003 年于上海弈成的残局。观枰面,红虽多一兵但鞭长莫及,且藩篱被毁已呈败势。以下请看黑方如何以"海底捞月"之法取胜。

着法:黑先胜。

51. ……　　卒 7 进 1

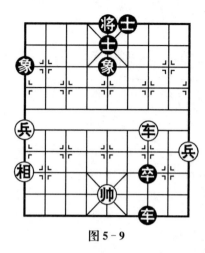

图 5 - 9

52. 帅五平六	车 7 平 1
53. 兵一进一	车 1 退 1
54. 帅六进一	车 1 退 1
55. 帅六退一	卒 7 平 6
56. 车三平五	车 1 退 1
57. 帅六进一	象 1 退 3
58. 兵一进一	车 1 平 4

以下帅六平五,车 4 进 3,车五平三,士 5 进 6,帅五平四,车 4 平 6,帅四平五,车 6 平 5,帅五平四,车 5 退 1,车三平七,象 5 进 3,兵一平二,卒 7 平 6,车七退二,车 5 平 6,海底捞月,黑胜。

 第 10 局 车抢中路 帅后藏炮

图 5 - 10 为湖南张申宏与广东许银川于 2004 年 9 月 27 日在顺德黄连弈成的残局形势。终局黑方以"海底捞月"杀法取胜。请看实战着法:

着法:红先黑胜。

55. 车四平六	炮 4 平 3
56. 车六进六	炮 3 退 5
57. 帅五进一	车 1 退 1
58. 帅五退一	车 1 退 2
59. 兵五进一	车 1 平 5
60. 帅五平六	车 5 退 1
61. 兵八平七	炮 3 进 5

以下应是车六退二,象 5 退 3,车六进一,车 5 进 4,帅六进一,炮 3 平 4,车六平一,车 5 退 3。

黑海底捞月胜。

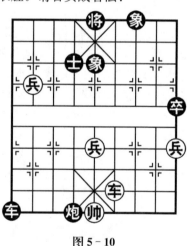

图 5 - 10

第六章 闷宫杀法的妙用

 第1局 马控将门 闷宫制胜

如图6-1,是选自1986年"青春宝杯"象棋大师赛中的一个残局局面。枰面:双方子力相当,强子皆为双炮一马,红多一兵但缺一相;从形势上看,红方各子占位俱佳并挟先行之利,且看红方跃马捉马,步步催杀,巧妙构成"闷宫"杀势。

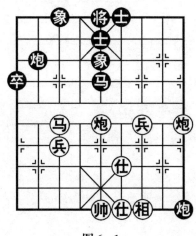

图6-1

着法:红先胜。

1. 马七进五! 马5退3 **2.** 马五进六! ……

强行挂角,入局好手!

2. …… 将5平4

出将无奈。如改走炮2平4,红则炮一进五闷宫。

3. 炮五平六 马3进4 **4.** 马六进八! ……

跃马双将控制肋道将门,奠定"闷宫"杀势。

4. …… 将4平5 **5.** 炮六平五! 炮9平8

6. 炮一平二!

"闷宫"无解,红胜。

第2局　侧翼袭击　一鼓作气

如图6-2,是1924年11月京津两地象棋名手的对局实录,双方由顺炮直车对横车战至14回合的中局形势,枰面红马正踏黑方双车,请欣赏黑方如何妙手回春、演绎闷宫杀法:

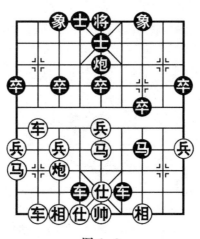

图6-2

着法:黑先胜。

14. ……　　　马7进5!

马踏中宫是唯一化解红马抓黑双车的好手,黑双车马把红方九宫围得像铁桶一般!

15. 炮七进四　炮5平8!

红炮击卒真是大难临头玩"潇洒",后车进一邀兑解围方是正确应对;黑炮侧翼袭击,锐不可当!

16. 后车进一　……

为时已晚,好比正月十五贴对联,已迟半个月了。

16. ……　　　炮8进7　　17. 相三进一　将5平6

露将助攻,构成闷宫杀法,黑胜。

 第3局　捕捉战机　直捣黄龙

如图6-3,是上海市象棋表演赛的棋局。由静安区蔡伟林对南市区郑国庆,双方以"飞相局对左中炮"酣战36个回合时的中残局形势。现轮黑方走棋,请看黑方握战机、出奇兵，一气呵成杀局。

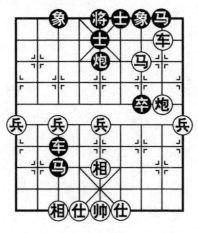

图 6－3

着法：黑先胜。

36.……　　　马 3 进 1！

黑方乘隙策马胁相奔槽，铿锵有力，佳着！

37. 相七进九　　**……**

红方飞边相旨在避捉和阻止黑马奔槽。另有两种着法，对红均不利：①炮二进四，马 1 进 3，车二退七（如改走车二平五，将 5 平 4，仕四进五，炮 5 进 5 叫将抽车，黑胜），炮 5 进 5，车二平六，车 3 平 5，帅五进一，炮 5 平 7，帅五平四，炮 7 退 5，吃马叫杀，黑胜；②仕四进五，马 1 退 2，炮二退四，车 3 平 6，红方难以应付。

37.……　　　炮 5 进 5　　**38. 炮二进四**　　马 1 退 3！

伏车 3 平 4 钓鱼马绝杀！

39. 车二退七　　　车 3 平 5　　**40. 车二平四**　　**……**

红方平车四路无可奈何。如改走车二平六，则炮 5 退 2，仕四进五（如改仕六进五，炮 5 平 7，绝杀），车 5 进 2，帅五平四，车 5 平 4，黑方得车胜。

40.……　　　炮 5 平 7　　**41. 仕四进五**　　炮 7 平 1

干脆利落，一气呵成闷宫绝杀，令人拍案叫绝。

 第 4 局　炮奔士角　一锤定音

如图 6－4，是 2000 年全国象棋团体赛第 1 轮江苏项阳红对四川谢卓淼战至 24 回合的中局形势。枰上黑多双卒过河，双炮结成担子炮在"死亡线"严守，

看似黑方优势,其实不然,红凭双镇中炮之威,率先发难,请看实战:

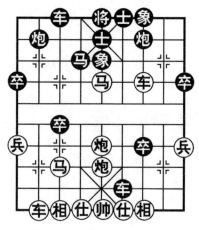

图 6 - 4

着法:红先胜。

25. 前炮进四　象7进5　　**26.** 炮五进五　　将5平4

红方双炮轰象,着法犀利。黑方防线顿时崩溃。

27. 马五进七　炮2平3　　**28.** 车三进二　车6退6

29. 炮五退五　马4进3　　**30.** 车三退四　……

车回河口,细腻,如随手走车三退五吃卒,则车6平3,红七路马头被黑3路过河卒所制,红方要想取胜,仍需要费周折。

30. ……　　　车6平3　　**31.** 车三平七　　……

至此,黑方双车马炮4枚大子拥挤一线,局面十分尴尬。

31. ……　　　马3退5　　**32.** 车七进三　马5退3

33. 车八进六!……

弃马伸车直指黑方软肋,凶悍异常!

33. ……　　　炮3平4

如改走炮3进6吃马,红则车八平六,士5进4,炮五平六,对面笑杀,红方速胜。

34. 炮五平六　　将4平5

如改走士5进4,红则车八平四,士6进5,车四平一,黑丢车红胜;又如马3进4,车八退一,炮4进6,车八平六,将4平5,车六退三,红方多子胜定。

35. 炮六进五!!(红胜)

炮进士角妙不可言,下步炮六平三,闷宫绝杀!

第 5 局　不惜牺牲　一往无前

如图 6-5,是 1987 年 10 月全国农民象棋个人赛福建郑乃东与四川丁潘清以中炮进三兵对反宫马战至第 9 回合时的开局形势。红方以勇猛棋风和凶悍着法,5 个半回合妙手构成闷宫绝杀。令人叹为观止。

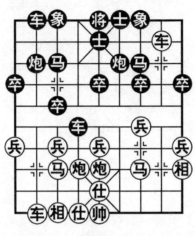

图 6-5

着法:红先胜。

10. 车二平三　　炮 6 进 2　　**11.** 车三进一!　……

置左车被封于不顾,大胆吃象,乃胸有胜算之佳着!

11. ……　　　　马 3 进 2　　**12.** 车三退二　……

如改走车八进五,则炮 6 平 2,车三退二,局势虽也不差,但是后手,不如实战紧凑有力。

12. ……　　　　炮 2 进 7　　**13.** 炮五进四!　象 3 进 5

14. 车三平五　　车 4 退 3

速败之着!如改走炮 6 退 3,虽可多支撑些时日,但亦呈败势:红马七退八,车 4 退 3,车五平三,士 5 进 6,车三进一捉炮,伏炮五平一凶着,红胜定。

15. 炮五平一!(闷宫绝杀,红胜)

第 6 局　献车闪击　闷宫绝杀

如图 6-6,是 2003 年 8 月 2 日浙江磐安"磐安伟业杯"全国象棋大师赛上海邬正伟对河北陈翀,以五八炮对屏风马弈完第 28 回合的中残局面。黑方车

炮卒已在红方空虚的右翼形成气候,而红方凭借子力位置极佳的优势抢先发难,演绎闷宫杀王的绝妙佳构,实战着法如下:

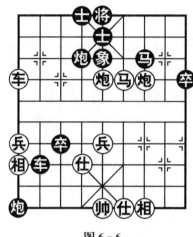

图 6 - 6

着法:红先胜。

29. 炮五退二 ……

退炮避兑、通车、拓宽马路,兼欲踩炮要杀,此时的好手!

29. …… 炮 4 退 1 **30. 马四退六** ……

以退为进,一石三鸟,踏象、踩卒、便于右炮左移,弈来十分轻灵飘逸,煞是好看。

30. …… 车 2 进 2 **31.** 帅五进一 车 2 退 1

如改走车 2 平 6 吃仕占住肋道将门,则红马六退七吃卒,黑方的攻势荡然无存,亦难守城池。

32. 帅五进一 卒 3 平 4 33. 车九平四 车 2 退 4

如改走车 2 退 6 保象,则红帅五平四,车 2 平 4,马六进五,车 4 平 5,炮三平二再沉底形成绝杀。

34. 马六进五! ……

毅然吃象,暗伏杀机! 不惧黑卒 4 平 5 叫将后车 2 平 5 捉双的手段,因红方帅五平四后,伏马五进三,再车四进三铁门栓的杀手。

34. …… 车 2 平 5 **35. 帅五平四 车 5 退 2**

36. 炮三平二 炮 4 进 3

红方平炮再沉底形成绝杀;黑方只能进炮解杀。

37. 车四进三! 马 7 退 6 38. 炮二平七

成闷宫绝杀,红胜。红方入局的杀法异常精彩,堪称中局杀势之经典。

第7局　围而不打　乱敌阵脚

图6-7为河北刘殿中与江苏徐天红在 BGN 世界象棋挑战赛中的一盘对局。刘特大悉知兵法奥妙。且看熟读兵书的刘特大如何克敌制胜？

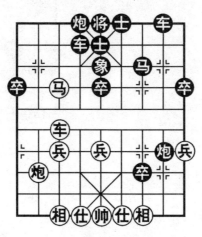

图 6-7

着法：红先胜。

24. 炮八进七	炮4进9	25. 马七进六	炮8退5
26. 车七进五	士5退4	27. 帅五平六	马7进6
28. 炮八平九	马6进5		

红炮八平九虚晃一着，围而不打。目的是乱敌阵脚。黑马6进5，擅离职守，置中象的安危于不顾。至此黑已明显乱了阵脚。

29. 车七退二	将5进1	30. 炮九退一	将5退1
31. 马六退四	炮8平6	32. 车七平五	士4进5
33. 炮九平四	马5进3	34. 帅六进一	……

以下黑必走车8进2，炮四平三，车8平6，炮三进一，闷宫。

第8局　将计就计　决胜千里

如图6-8，这是一局巾帼英雄之间的斗智斗勇。眼下黑计划左炮右移打车兼兑车，企图瓦解红方的封锁。红方将计就计佯装伸炮拦炮，引诱黑伸右车捉炮！

着法：红先胜。

14. 炮四进六　　车1进1

黑果然中计。

15. 车二进三　　车8进1

红方"顷刻间化为百计千方"，黑无奈只
有吃车。

16. 炮三进三　　将5进1

17. 炮四平九　　车8进5

18. 炮三退一　　炮2进2

19. 马三进四　　炮2平5

20. 车八进八　　将5退1

21. 炮九进一　　象5退3

22. 车八平七　　车8平6

23. 车七进一　　车6退1

24. 车七退一

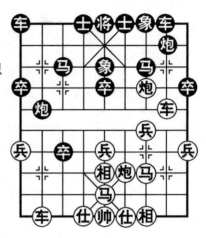

图 6-8

黑只能士4进5，则炮三进一，闷宫杀。

 第9局　　出帅助战　暗藏杀机

在昆山举行的"金星杯"象棋精英赛中，北京谢思明与安徽高华两位巾帼英
雄对阵。图6-9为双方弈完21个回合后的形势。现枰面上双方对攻激烈。以
下请看红方如何利用先行之利，采用闷宫杀法取胜。

着法：红先胜。

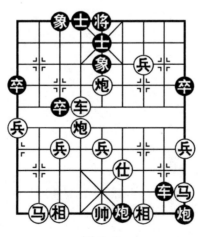

图 6-9

22. 帅五平六　炮 6 退 1　　　**23.** 帅六进一　炮 6 平 9

24. 帅六进一　后炮退 1　　　**25.** 相七进五　车 8 退 5

26. 炮五退二　后炮平 7　　　**27.** 炮六平七　（红胜）

黑如接走车 8 平 5，则炮七进五，象 5 退 3，车六进四杀。

红方第 22 着帅五平六已暗藏杀机，以后车、炮双将杀，黑已防不胜防。

 ### 第 10 局 "东方电脑" 技压群雄

　　2005 年 10 月 1 日，有"东方电脑"之称的柳大华在顺德演绎了一对十的蒙目车轮战。"东方电脑"取得了五胜五和的佳绩。图 6 - 10 为柳大华与当地冠军何文显的一场精彩对局。是局，柳大华执黑，观枰面，现黑方已丢一马，且 4 路车又在红方炮口。以下请欣赏"东方电脑"如何再弃车，以闷宫杀法取胜。

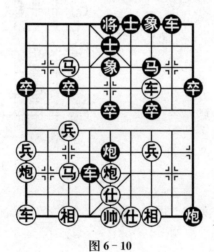

图 6 - 10

着法：红先黑胜。

15. 炮九平六　车 8 进 9　　　**16.** 帅五平六　炮九平七

17. 帅六进一　炮 5 平 4　（闷杀！）

第七章　空头炮杀法的妙用

 第1局　轰相空投　席卷残云

如图7-1,是2003年全国团体赛红黑双方战至第33回合时的中局形势。

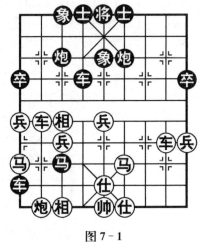

通观全盘:红方虽以多两兵子力占优,但阵形不整,子力龟缩在己方阵地内;黑方虽车、马深入敌方腹地,肋车控制要道,但无军可"将",乍看无从着手。黑经沉思,巧用双炮投入战斗:轰士、移车、落象、镇中,然后妙手巧置空头炮,构成绝杀,精彩异常。

着法:黑先胜。

33.……　　　炮6进7!

以炮砸仕,时机绝妙,吹响进军号!

34.仕五退四　车1平6

35.车二退一　象5退7!

36.车八退二　炮3平5

37.相七退五　炮5进5!(黑胜)

图7-1

伏车6平5杀,红如相七进五,则黑车4进6杀;又如车八平七,则炮5平8吃车胜定。

 第2局　一着绊马　空头炮杀

图7-2,是1978年4月全国象棋团体赛第12轮广东李广流与贵州程志远由"对兵局转中炮对拐脚马"开局弈至第12回合时的形势。现轮红方走子,经审局毅然进车别马腿,仅用2个半回合,制造空头炮绝杀,堪称神速制胜的典型棋例。

着法:红先胜。

13.车四进四!马7进8　　14.炮五进四!象5进3

飞象无奈,眼睁睁看红方安上空头炮。如改走士4进5,红则车八进九,车1平4,炮七进七!红胜。

15.炮七进二!

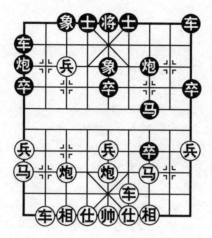

图 7 - 2

进炮形成空头炮绝杀。以下:将 5 进 1,红则炮七平五,将 5 平 4,车四平六,炮 7 平 4,兵七平六杀,红胜。

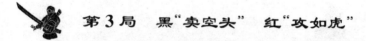

第 3 局　黑"卖空头"　红"攻如虎"

如图 7 - 3,是 2005 年 11 月太原全国象棋个人赛重庆洪智与河北张江以中炮进七兵对反宫马交手仅 7 个回合形成的盘面。眼下黑"卖空头",力争主动,黑车正捉红马;红方先行,弃马兑车着法强硬,利用空头炮,三军围城,绝杀制胜。

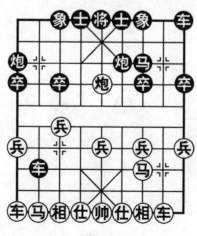

图 7 - 3

着法:红先胜。

8. 车九进二 车2进2

红方弃马兑车争先,正确的选择。否则,红方同样失子局面反而不利。

9. 车二进五 炮6平2 **10.** 炮五退二 炮2进3

11. 兵七进一 车9平8 **12.** 车二平六 车2平3

13. 车九平六 炮1退2 **14.** 相三进五 车3退3

红飞相逐车老练之着,化简黑方车炮侧击。

15. 仕六进五 炮2进4 **16.** 帅五平六 车3平1

17. 后车平八 车1进3 **18.** 帅六进一 车1退1

19. 帅六退一 车1进1 **20.** 帅六进一 车8进1

黑升一步车,防红车八进六要杀的凶着。

21. 兵三进一 炮2平5 **22.** 车八进七 车8平3

23. 马三进四 (绝杀红胜)

至此黑如续走炮5退2,红则马四进五,炮5退2,车六进四,将5进1,马五进三,将5平6,车六平四杀,红胜。

 第4局 勇闯"禁区" 飞身"扣篮"

如图7-4,是特级大师刘殿中早年为人们展示奇妙连续弃双车形成空头炮绝杀的攻城图,也是"北昆仑"精妙战胜执黑河南名将之经典搏杀杰作。请读者仔细审视图7-4,猜猜红方会走哪一步。实战中的这步棋令人难以想象,其构思奇特,堪称神仙之着。

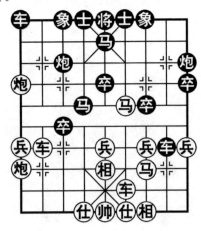

图7-4

着法:红先胜。

1. 车八进三! ……

车填马口,堪称神来之笔!

1. …… 马4退2 **2. 前炮平五 马5进6**

黑方被迫"卖空头炮"很无奈。如改走象3进5,红则炮九进七,炮3退2,马四进三,炮9退2,车四平六杀红胜;又如象7进5,红炮九进七后,伏马四进五凶着,黑亦难招架,红方胜定。

3. 炮九进七 炮3平6

局面至此,红方车马被牵,徒有天地炮而不能成势,乍看恐怕只有平车捉马以摆脱牵制一条路了,然而实战中刘特大却……

4. 马四进六! ……

再度弃车,令人目瞪口呆,真可谓石破天惊!

4. …… 炮6进6

黑方因双马被捉,被迫吃掉红车。

5. 炮九退四!

"重炮"要杀!图穷匕现,一击中的。担负双重防守任务的黑2路马顾此失彼,不能两全,若马2进4拦炮,则防不住红马后炮绝杀。

第5局 炮入"仙境" 勇冠三军

如图7-5,是1999年4月漳州全国象棋团体赛吉林陶汉明与上海胡荣华由"仙人指路对飞象"布阵战至13回合时的中局形势。冷眼看枰面黑方似乎无破绽,但红方针对上一手黑方平炮兑车的弱点巧妙攻击造成空头炮杀势,请看实战:

着法:红先胜。

14. 炮七平五 象5进3

红方乘机炮镇中路;黑方贪兵卖空头,速败之源。

15. 车八进四 马3退2

16. 炮六平八 ……

平炮欲打死黑车,良好的感觉,制胜的腾挪。

16. …… 车7平6

17. 炮八进三! ……

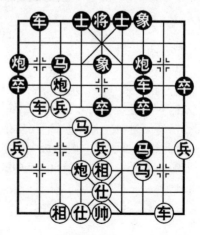

图7-5

神来之笔,真可谓"炮入仙境,勇冠三军"!

17.…… 　　　卒5进1　　**18.炮八平三** 马7退6

19.车二进八!

车点"死亡线"催杀!空头炮威力四射。以下:黑如炮7进5解杀,则红炮三平七,红胜。

 第6局　空头炮凶　盘旋马赢

如图7-6,是吕钦对胡荣华弈成的中局盘面。观枰,黑方车双马双炮对红方中路构成巨大威胁;但红方双马正咬黑方双炮,一旦红马兑掉空头炮,黑方优势大减,现轮黑走,请欣赏黑方上演的以车啃马的好戏。

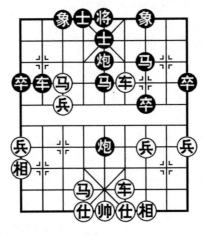

图7-6

着法:黑先胜。

24.…… 　　　车2平3

黑方弃车杀马,形成无车杀有车的局面,很具魄力!

25.兵七进一 马5进4　　**26.前车平五** 马7进5

27.马六进五 炮5进4　　**28.车四进五** 马5进3

至此红方难驱黑方威力极大的空头炮,败势!

29.帅五进一 炮5退4　　**30.车四平三** 马4进6

31.帅五平四 马3进4

双马盘旋,红帅难逃,黑胜。

第7局　三占空头　四英拔寨

如图 7-7 为第七届"棋友杯"赛上一个中局盘面。现枰面,红有空头炮优势,而黑 6 路车已瞄准红方底仕,双方剑拔弩张。现轮红方走子。且看以下精彩着法:

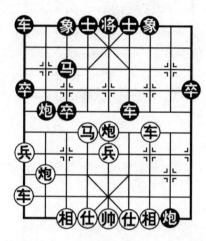

图 7-7

着法:红先胜。

1. 马六进五　马3退5　　2. 仕六进五　卒3进1

3. 车九平六　炮2进1　　4. 炮八平五　象3进1

5. 车六进七　车1平3　　6. 马五退七　马5进6

红方继续贯彻空头炮杀敌计划。

7. 车三进三　炮2平5　　8. 炮五进二　马6退4

9. 马七进六　(红利用空头炮取胜)

第8局　铅刀割喉　无济于事

如图 7-8 为江西柯善林对北京龚晓民弈完第 12 回合后的形势。现枰面:黑方多一炮,但红方有空头炮优势。现轮红方走子,且看双方如何斗智。

着法:红先胜。

13. 车九平四　炮6平4

应炮4平6,驱红右车。

14. 车六平五　后炮平5　　15. 车五平四　炮5平3

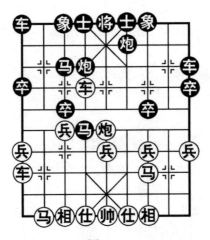

图 7-8

16. 前车进二   炮 4 进 7

由于第 13 着失误,导致目前困境。此着炮打底仕已是铅刀割喉,无济于事。

17. 车四进三   (黑无解)

以下黑如续走炮 4 平 2,则相七进五仍是铅刀割喉。

 第 9 局   旁敲侧击   炮镇当头

如图 7-9 为刘星与黄伯龙战成的中局形势。双方各攻一边,现轮红方走子,请看红方如何入局:

着法:红先胜。

21. 炮七平五   ……

弃炮抢攻中路,千钧之力。

21. ……   马 4 进 2

22. 车八进三   前炮进 3

23. 相一退三   前炮平 6

24. 车八进一   士 5 退 4

25. 炮五进四

空炮当头,黑棋被罩在一张大网之中,一筹莫展。黑如再走车 3 平 7 则车八退一绝杀。

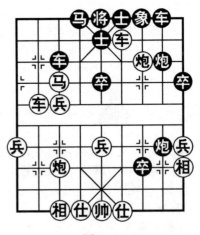

图 7-9

第 10 局 不可兼得 舍马取象

图 7-10 为邮电袁洪梁对大连苗永鹏激战 24 个回合时的中局形势,请欣赏红方老练的入局着法:

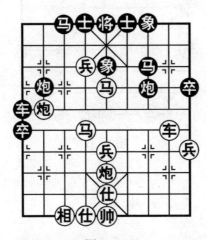

图 7-10

着法:红先胜。

25. 兵六平五！……

不踩马而以兵提象,非雄才大略而绝无此选择。

25. ……	马 7 进 5	**26.** 炮五进四	士 6 进 5
27. 前兵进一	将 5 进 1	**28.** 车二进四	将 5 退 1
29. 车二平七	马 3 进 1	**30.** 车七平八	炮 7 进 1

31. 马六进七

红方利用空头炮进马伏杀,黑如续走炮 2 平 5,则马七退九得车胜定。

 # 第 11 局 疾如闪电 重如雷击

如图 7-11 为黄薇与金海英战完 29 个回合后的中局形势,目前除黑方净多双卒外,其他子力相同。红方如不采取有效措施,久战下去,显然不利,且看红方如何应对。

着法:红先胜。

30. 兵六进一 车 7 退 1

舍去卧槽马着法积极,现红方兵力向黑方薄弱的右翼推进。

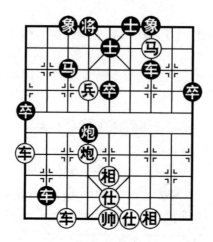

图 7－11

31. 车七进七	将4平5	32. 兵六进一	车2退8
33. 车九平七	车7进5	34. 炮六平五	象3进1
35. 前车平九	车7退2	36. 车九平七	车7平5
37. 前车退一	卒1进1	38. 前车平六	炮4平8
39. 炮五进三	士5退4	40. 车七进五	（红胜）

第1局 弃车咬象 卧槽取胜

如图8-1,是2006年5月苏州第3届全国体育大会"浦发银行杯"象棋赛第7轮,煤矿景学义对甘肃何刚战至第31回合时的中局形势。黑方多两卒子力占优,红方兵种齐全;论形势红牵黑方无根车炮,黑拴红方车马,相互制约。现轮红方走子,且看红弃车进马踏象,强行卧槽。攻杀凌厉而精彩!

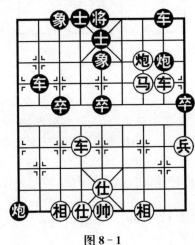

图8-1

着法:红先胜。

32. 马三进五!……

红毅然进马咬象,弃车攻杀,运用"卧槽马"杀法,计算准确且精彩!

32.……　　　车2平8　　**33. 马五进三　　将5平6**

34. 车六平四　　士5进6　　35. 炮三退五!(红胜)

退炮闪击,双重威胁!以下黑如将6进1解杀,则红马三退二去车胜定。可见以上马五进三这手不仅凶悍而且算计精确。

第2局 左右夹攻 马踏将府

如图8-2,是2006年"捷安特杯"河北省象棋名人战第2轮,唐山程福臣与沧州高树强大战 57 回合时的残局形势。红方走棋过门清爽,先在左翼二车错,再在右翼马卧槽,两面夹击,杀法精妙,短小精悍。

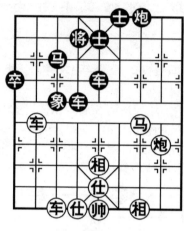

图 8－2

着法:红先胜。

58. 车八进四　将4退1　　**59.** 车八平七　车5退1

红平车捉马,迫黑车弃守卒林要道,为红马卧槽扫清障碍。

60. 前车进一　将4进1　　**61.** 炮2进5!　士5进6

62. 前车退一　将4退1　　**63.** 后车平八　将4平5

这一段红车进退照将有序,过门恰到好处,伸炮助攻时机适宜。现平车叫杀,着法丝丝入扣。

64. 车八进九　车4退4　　**65.** 马三进二!　车4平2

红马奔卧槽,一击中的。

66. 马二进三　将5平4　　**67.** 车七平六　(绝杀)

 第3局　珠联璧合　骏马突破

如图 8－3,是选自第3届世界象棋锦标赛中的一个局面。观枰:黑方虽多一子,但马锁窝心,车躲暗处,局面难看;红方占先行之机,调炮运马,强行夺槽而胜,异常精彩。

着法:红先胜。

1. 马四进六　炮6退1　　**2.** 仕四进五!……

撑仕关闭车路,细腻而精警!

2. ……　车1退1　　**3.** 后炮平七!……

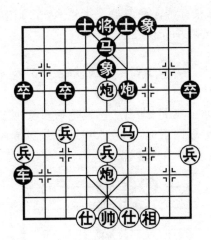

图 8－3

平炮侧攻,灵活、凶狠! 迅速入局之佳着。

3.……	车 1 平 2	4. 炮七进四	车 2 退 6
5. 马六进八	车 2 平 3	6. 炮七平九	卒 9 进 1
7. 炮九进三	车 3 平 1	8. 马八进七	（红胜）

 第 4 局 抓住战机 妙演卧槽

如图 8－4,是 1984 年"避暑山庄杯"象棋大师邀请赛北京臧如意对江苏徐健秒的实战中局。双方已演变成对攻之势,红仗先行,当即抓住战机,抢攻在前,妙演卧槽马杀局。

着法:红先胜。

1. 前马进六! 象 5 退 3

红马跳将旁照将,入局好手! 也是铸成连将制胜的唯一着法;黑方落象垫将无奈,如将 5 平 4,则车四进三侧面虎杀,又如将 5 进 1,则车四进二杀。

2. 车四平五 士 6 进 5

3. 马六退五! 象 3 进 1

黑如象 3 进 5 去马,则炮九进三重炮杀;又如士 5 退 4,则马五进三双将再车五平四杀。

4. 马五进三 （红胜）

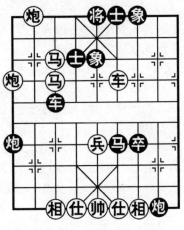

图 8－4

卧槽马照将,黑方只有将5平4,则马七进八,车3退3,炮九平六杀。红方以准确的计算和凌厉的攻杀夺得胜利。

第5局　弃车砍炮　双马抢槽

如图8-5,是2006年7月27日中国棋院第五届"威凯房地产杯"象棋大师排位赛江苏张国凤对广东庄玉庭,以五八炮进三兵对屏风马挺3卒对垒,弈至第30回合时的中局形势,现在轮到红方走棋。

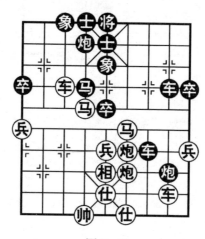

图8-5

着法:红先胜。

31. 车二进一! ⋯⋯

张特大弃车砍炮,惊人之笔,出乎庄特大的预料。从以下的实战看,这步棋乃是铸成双马抢槽之佳着!

31. ⋯⋯ 　　车8进4　　**32.** 车七平六　炮4进1

33. 帅六平五　车7平6　　**34.** 马六进八　炮4平2

红方弃马奔槽,入局的好手;黑平炮挡马只能如此,如改走车6退1,红则马八进七,炮4退1,车六进二,车8平6,仕五进四,车6进2,仕四进五,车6退3,兵五进一,将5平6,车六退三,红方多子多兵,胜势;又如改走车8平6啃炮,红则马八进七,炮4退1(如改走将5平6,车六平四,士5进6,仕五进四,红方多子胜定),仕五进四,车6退1,车六进二,红胜定。

35. 马四退六　车6平5　　**36.** 马六进七! 车5进1

37. 帅五平六　车5退1

退车亦属无奈,若逃炮挡不住红方槽马肋炮的攻杀!

38. 马七进八　车 8 退 1　　**39.** 帅六平五

黑见无法守住红方前马进九双马抢槽的杀棋手段,遂主动投子认负。

注:此次大赛首次采用全新赛制——贴时贴分。红、黑两方用时分别为80分钟或40分钟,每走一步加30秒;胜方3分,负方0分,红和局1分,黑和局2分;名列全国等级分前茅的36名男选手和4位女子特级大师分两组进行7轮预赛,决赛采用淘汰制,冠军可晋升为特级大师。最终棋坛"常青树"胡司令夺冠。

第 6 局　三度献车　煞是好看

如图 8 - 6,是 1966 年 5 月 4 日于郑州,湖北李义庭对广东杨官璘以中炮过河车对屏风马平炮兑车布阵,鏖战至第56回合时的残局形势。轮至走棋的黑方,三度献车,妙演卧槽挂角双杀的好戏,煞是精彩。实战着法如下:

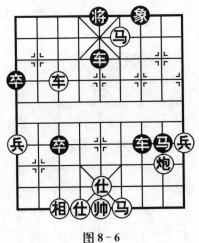

图 8 - 6

着法:黑先胜。

56. ……　车 7 退 3!

车献虎口催杀,十分精彩! 红如接走炮二平五,则车 5 进 5!车七进三,将5 进1,车七退一,将 5 退1,马四进五,车 7 进6,仕五退四,马八进六挂角,帅五进一,车 7 退 1,黑胜。

57. 车七进三　将 5 进 1　　**58.** 车七退一　将 5 退 1

59. 车七进一　将 5 进 1　　**60.** 车七退一　将 5 退 1

61. 相七进五　车 5 进 5!

黑方车砍中相,再度献车!已令红方防不胜防了。

62. 车七进一	将 5 进 1	**63.** 车七退一	将 5 退 1
64. 车七进一	将 5 进 1	**65.** 车七退一	将 5 退 1
66. 马四退六	将 5 平 4	**67.** 车七平四	……

无奈之着,如改走马四进五,则车 7 进 6 后,黑仍存在着挂角马杀着。

67. ……	车 5 平 8	**68.** 车四进一	将 4 进 1
69. 马六进四	将 4 平 5!	**70.** 马四退三	车 8 平 6!

黑方三度献车,下伏卧槽挂角双杀,弈来煞是好看,黑胜。以下红如接走车四退一,黑仍将 5 退 1,黑将不离中,双杀始终存在,红方无解着。

第7局 马闯敌阵 一网打尽

如图 8-7 为 1995 年由香港象棋总会举办的第 38 届香港体育节象棋赛上,北京傅光明对高雄吴贵临弈完 39 个回合后的枰面。目前黑车正捉红马,请看红方如何应对。

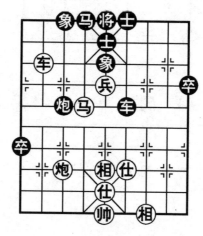

图 8-7

着法:红先胜。

40. 车八进一 ……

弃马伸车。伏平六闷杀。精妙之着。

40. ……	卒 1 平 2	**41.** 炮七进二	象 5 退 7
42. 车八平六	象 3 进 1	**43.** 炮七平八	马 4 进 2
44. 炮八进一	马 2 进 1	**45.** 马六进五	车 6 退 2
46. 马五进七			

一锤定音,伏退车杀或吃中士马后炮杀。

第8局 飞象河口 投鞭断流

如图8-8为《象棋》月刊1995年第2期第27页刊登的一则实战中局形势。目前红方车马被牵,且看黑方如何操刀。

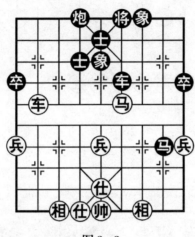

图 8 - 8

着法:黑先胜。

31. …… 炮4平3 **32.** 兵五进一 象5进3

投鞭断流,割断红方车、马的联系。

33. 车八平七 炮3进9

调虎离山,为卧槽马作杀打造坚实的平台。

34. 车七退五 马8进7 **35.** 帅五平四 车6进1

黑胜。

第9局 马跳窝心 不死也昏

如图8-9为2000年在天津体育学院举办的全国高校象棋比赛上,上海第二医科大学余奇文对天津民航学院卢慧斌战至第15个回合时的局势。请看以下红针对黑归心马的弱点进行的攻击。

着法:黑先红胜。

15. …… 炮2平5 **16.** 马三进五 车2进9

17. 马七进六 马3退2 **18.** 炮五进四 象3退5

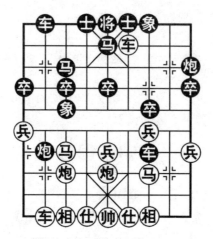

图 8 - 9

19. 炮七平五　车 7 平 5　　　20. 马六退五　马 2 进 3

21. 马五进四　马 3 进 5　　　22. 马四进五　车 2 退 8

23. 马五进三

自如图局面,黑归心马始终未动,直至失败。此时红马卧槽,黑无解。

　第 **10** 局　太公钓鱼　老将上钩

如图 8 - 10 为在 2001 年全国象棋团体赛上,广东许银川对河北刘殿中弈完 23 个回合时的枰面。请欣赏以下精彩着法:

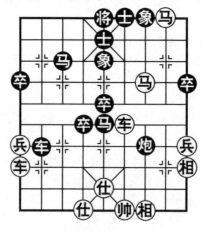

图 8 - 10

着法:红先胜。

24. 车九平七　马 3 进 5　　**25.** 车七进四　马 5 进 3

26. 马二退一　车 2 退 4

红方回马,似至悬崖,但黑不敢食红方弃马。看似风平浪静的枰面陡生波澜。

27. 马一进三　炮 7 退 5

再次献马,黑方终于上钩。

28. 车四进四　炮 7 进 1　　**29.** 马三进五　车 2 平 3

30. 马五进三

红马扑槽,雷霆万钧。黑已无法抵抗。

 # 第 11 局　进兵封车　平炮盖帽

如图 8－11 为黑龙江赵国荣对沈阳苗永鹏所弈中局形势,双方已弈完 31 个回合,枰面呈对攻形势。现轮红方走子。且看红方如何入局:

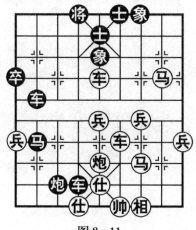

图 8－11

着法:红先胜。

32. 兵五进一　……

冲兵拦车,以防黑右车左移进行反击。

32. ……　　马 2 退 3　　**33.** 炮五平六

弃车盖帽,实施以卧槽马取胜的战略部署。

33. ……　　马 3 退 5　　**34.** 车四平六　士 5 进 4

35. 车六进四　将 4 平 5　　**36.** 车六进一

至此黑方无法阻止红马二进三卧槽马的杀着。红胜。

第九章　天地炮杀法的妙用

第1局　双炮逞威　神速擒王

如图 9-1,是 2002 年济南全国象棋团体赛双方由仙人指路对卒底炮开局战至中盘的一个局面。乍看风平浪静,不料红方细审局面,悍然发动中路进攻,欲与地炮遥相呼应,最后马踏九宫直捣黄龙,在天地炮的威慑下精彩速胜。

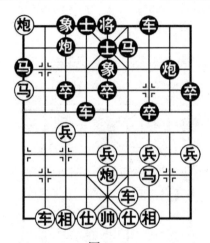

图 9-1

着法:红先胜。

1. 兵五进一 ……

发动中路进攻,试图与底炮遥相呼应,切入点和主攻方向准确。

1. ……　　　卒 7 进 1

冲卒渡河企图阻止红方进攻计划,有随手和侥幸之嫌,应改走车 7 进 2 较为扎实。

2. 兵五进一 ……

急冲中兵,分秒必争,是快速入局的好手。

2. ……　　　车 4 平 5　　3. 车八进三　卒 7 进 1

4. 马三进五　车 5 平 7　　5. 马五进四 ……

铁骑渡河,马炮共瞄中象,天地炮等多兵种联合作战的威力显露无遗。

5. ……　　　将 5 平 6　　6. 马四进五　后车进 2

红方马踏中象,杀机四伏;黑方进车驱马已无济于事。此着黑方如改走炮 3 进 4,红则车八进五捉士,炮 8 退 1,车八平六催杀,炮 3 平 5,炮五平七,炮 5 退 3,仕六进五,红有车六平五和炮七进七闷杀的双重手段,红方胜定。

7. 车八进六　炮 3 进 4　**8.** 马九进七

绝杀,红胜。

第 2 局　大胆穿心　精妙绝伦

如图 9 - 2,选材于 2006 年第 4 期《棋艺》"廖大师棋经"栏,是小学员与指导老师战至第 11 回合时的中局形势。红方借先行弃兵后,先镇中炮,后沉底炮,再车进"死亡线",行棋次序井然,着法丝丝入扣,最后弃车剜心,乃构成"天地炮"绝杀的典型棋例。

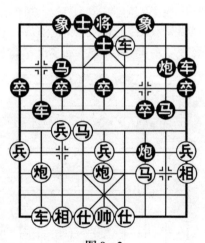

图 9 - 2

着法:红先胜。

12. 兵七进一　车 2 平 3

红方弃兵,良好的棋感;黑方吃兵随手,应改走车 2 进 1 较为顽强,肯定好于实战。

13. 马六进五　马 3 进 5　**14.** 炮五进四　炮 8 平 5

15. 炮八进七!　……

从容形成"天地炮",杀气腾腾!

15. ……　　　马 8 退 7　**16.** 车八进八　车 3 平 5

红车进驻次底线,着法紧凑有力,一气呵成天地炮杀势;黑方平车中路又是随手棋,棋理应走车 3 平 4,将会给红方增加不小取胜难度。

17. 车四平五！（红胜）

穿心成杀，精妙绝伦！以下黑如马7退5，红则车八平六，将5平6，车六进一，将6进1，车六平四杀，红胜。此着红如改走车八平六，则车5平4，车四平五（如车六退三则马7进5踩去中炮，有反扑手段），马7退5，车六退三，虽也可取胜，但胜法俗气，没有直接弃车剜心来得潇洒。

另当提及的是：第16回合黑如改走车3平4，红方正确的杀法是仕四进五！准备"御驾亲征"，车9退2，车八平五！马7退5，帅五平四，炮7平6，车四退五，象7进9，车四进五，车4退3，马三进二，车4平2，马二进三，车2退1，马三进一，下手马一进三绝杀。

 第3局　杀象神速　双炮奏功

如图9-3，是1960年全国象棋个人赛辽宁孟立国与广东蔡福如的实战中局，枰面上狼烟四起，呈"你死我活"的格局，现轮红方走棋，面对黑方右车左移作杀的严重威胁，竟用炮神妙杀象，构成七步连杀的精彩棋局。请看实战：

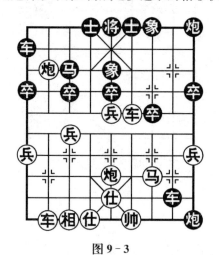

图9-3

着法：红先胜。

1. 炮八平五！　车1平8

红方平炮杀象，精妙绝伦！黑方右车左移对抢杀势，一场恶战在所难免。

2. 兵五进一　前炮退2　**3.** 后炮进二　前车平7

黑方平车作杀，眼看红方回天乏术，只见孟走：

4. 兵五平六　马3进5　**5.** 前炮平九！　马5退4

红方前炮突然转向侧翼，吹响天地炮杀势进军号；黑方退马，解燃眉之急的唯一一手。

6. 炮九进二 马4退2 **7.** 车四进四! 将5进1

黑如改走后炮平6,则兵六平五,车8平5,车八进八,炮6进6,车八平六杀,红胜。

8. 车八进八 马2进4 **9.** 兵六平五 象7进5

10. 车四平五 (红胜)

 ### 第4局 组"天地炮" 破九宫城

如图9-4,是1992年"味极王杯"象棋大师邀请赛广东许银川对湖北熊学元的实战中局,双方以五七炮进三兵对屏风马右马封车开局战至16回合的形势。红方如何以天地炮攻破对方城池?请看实战着法:

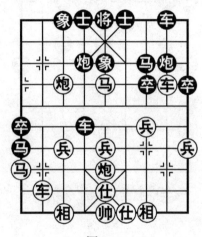

图9-4

着法:黑先红胜。

16. ······ 马7进5 **17.** 炮五进四 士6进5

18. 车八进六! ······

置双炮被捉于不顾,进车叼住黑方士角炮,乃抢先争势夺取胜利之关键。

18. ······ 车4退2 **19.** 炮五退一 车8平6

如改走车4平3,则车八平六,黑方担子炮被拆,防线崩溃且无根车炮被牵,局势更为不利。

20. 车八平七! 象3进1 **21.** 炮五平八! 炮8平7

22. 炮八进一! 车4进1

红进炮撵车次序井然,这手顿挫对入局很重要。

23. 炮八进三　象 1 退 3　　**24.** 炮七平五！

至此,红方双炮巧妙换位又重新组成"天地炮"。黑见难挽败局,遂认负。

黑方如续弈,大致的变化是:①车 4 平 2,则车七进二去象,车 2 退 1,车二进二！车 2 平 5,车七退三抽车,象 5 退 3,车七平五,下着车五进二,绝杀;②车 4 退 1,则车二进二！车 4 平 5,车七进一！象 5 进 3,车七平六！伏臣压君,绝杀。

　　第5局　　左右夹击　双炮逞凶

如图 9-5,是 1992 年 5 月江西抚州全国象棋团体赛女子组第 1 轮,由广东刘璧君对北京常婉华以中炮对"龟背炮"开局弈至第 11 回合的形势。轮至走棋的红方,是如何构成"天地炮"杀势的?请看续弈:

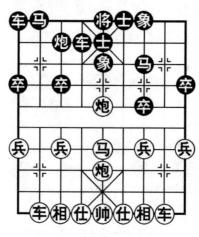

图 9-5

着法:红先胜。

12. 前炮平六！……

平炮欲打死车,旨在试探黑棋的应手,算得上好棋。

12. ……　　　　　　车 4 进 2

同样避打死车,不如改走炮 3 进 5,再马 2 进 3 舒展阵形,优于实战。

13. 车八进八　炮 3 平 4

仍然可改走炮 3 进 5 打兵。

14. 炮六平八！车 4 进 3　　**15.** 炮八退二！车 4 退 1

红方连出好手,黑方疲于应付。如改走车 4 平 3,则马五进六踩车争先,黑势更差。

16. 车二进六　炮 4 进 1　　**17.** 炮八进六　车 4 进 1

18. 马五进四! ……

乘势马过楚河,献马引离,绝妙佳着! 从而构成天地炮杀势。

18. ……　　　**马 7 进 6**　　**19. 炮八平四!**

至此,红胜。以下黑如接走将 5 平 6,则车二平四,士 5 进 6,车八平六! 马 6 进 5,炮五平二! 沉炮叫将再车四平三双车错杀。

第6局　弃象抢攻　双炮齐鸣

如图 9-6 为 1997 年全国象棋团体赛中,火车头金波与广东庄玉腾弈至第 20 个回合时的局势,现轮黑方行棋。

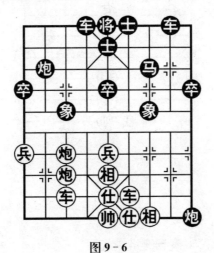

图 9-6

着法:黑先胜。

20. ……　　　**炮 2 平 5**

拉开"天地炮"攻杀战幕。

21. 后炮进三　**车 8 进 7**　　**22. 车七进一**　**车 4 进 8**

23. 车七平八　**炮 5 进 4**

按既定方针,以天地炮猛烈轰击敌阵。

24. 车八进七　**士 5 退 4**　　**25. 前炮进四**　**将 5 进 1**

26. 车八退一　**将 5 进 1**　　**27. 前炮退五**　**将 5 平 4**

黑胜。

第7局　铺天盖地　同心协力

如图9-7为江西江国华与甘肃李家华弈完23个回合后的局势。观枰面，黑已具备可持续发展的"天地炮"攻击条件，请看实战着法：

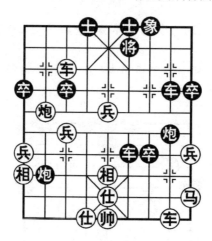

图9-7

着法：红先黑胜。

| 24.车二平四 | 炮8平5 | 25.车四进三 | 卒7平6 |
| 26.车七平三 | 炮2进2 | 27.相九退七 | 车8进5 |

黑摆下"天地炮"恶阵，现已充满杀气。

| 28.帅五平四 | 车8平5 | 29.车三进一 | 将6进1 |

30.马一进二　……

准备下一着马二进三作杀，着法较顽强。

| 30.…… | 车5进1 | 31.帅四进一 | 炮5平6 |

以下必然是马二进四，卒6进1，帅四进一，车5平6，车炮卒同心协力，黑胜。

第8局　弃马抢先　老兵搜山

如图9-8为哈尔滨市1983年全市职工象棋赛孙伟吉与乔勇胜弈成的中局形势，此局以下红方着法刚柔并济、丝丝入扣，步步暗含杀机，恰似在表演太极内功。

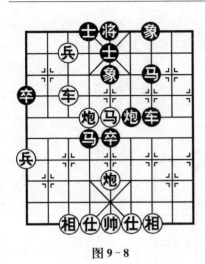

图 9 - 8

着法:红先胜。

1. 马五进四 士 5 进 6

2. 炮六平五 士 6 退 5

红方弃马后红炮并不打车捞回失子,而炮镇当头,酝酿出"天地炮"杀法擒敌的计划。

3. 后炮平八 马 7 进 5

4. 炮八进七 象 5 退 3

5. 车七平六 炮 6 退 4

黑方退炮,解杀,逃车,看似一着两用。

6. 兵七进一

红兵进底老而不倦,下一着兵七平六胜。

 第 9 局 巧运双炮 接天连地

如图 9 - 9 为卜凤波对许银川弈成的残局形势。观枰面,黑方占优,请看黑方如何入局:

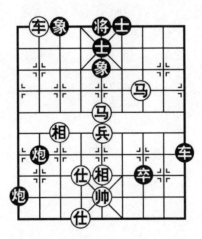

图 9 - 9

着法:红先黑胜。

1. 车八平九 炮 1 平 3   2. 车九平八 车 9 进 2

3. 帅五退一 炮 2 平 5   4. 相五退三 炮 3 进 1(黑胜)

黑方巧运双炮,铺天盖地,两翼出击一气呵成。

第10局　车占要道　炮火连天

如图9-10为在肇庆举行的全国女子冠亚军邀请赛中,上海单霞丽与河北胡明弈完第43个回合时的局势。观枰面,红方子力没有黑方齐全,但红方车双炮可以酝酿"天地炮"攻杀,请看红方如何入局:

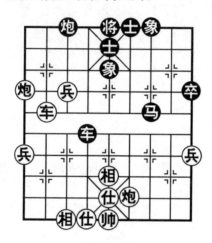

图 9-10

着法:红先胜。

44. 炮九进三　　士4退5　　45. 炮九平八　　车4退3
46. 炮四进五　　马7进6　　47. 炮四平五　　士6进5
48. 车八平四　　……

车抢要道黑败相已呈。

48. ……　　　　车4进4　　49. 兵七进一(红胜)

至此黑将在天地炮的控制下只能坐以待毙。

第十章　铁门栓杀法的妙用

第1局　妙发双炮　铁门栓杀

如图 10-1,是 2003 年"明珠星钟杯"全国象棋精英赛第 5 轮中,由黑龙江赵国荣对吉林洪智,以顺炮直车对缓开车的加赛快棋战至 13 回合时的盘面。红方先行飞炮击卒瞄车,乘机另一炮镇当头,后经运车腾挪,巧妙构成铁门栓杀势。

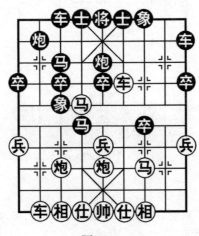

图 10-1

着法:红先胜。

14. 炮七进四　炮2平3

红方飞炮击卒捉车,旨在奋力争先;黑方随手垫炮酿成大祸。应改走马 3退 1,黑方局势不错。

15. 炮五进四!　……

着法机警,制胜的妙手!

15. ……　　　士6进5　　16. 炮五退二　车9平7

17. 车八进四　马4进3　　18. 车八退二　马3退4

19. 车八平四

制造"铁门栓",催杀! 红胜。

第2局　仗"铁门栓"　取黑将命

如图 10-2,是 2006 年 5 月苏州第 3 届全国体育大会"浦发银行杯"象棋赛第 2 轮中,河北申鹏对江苏徐超弈至第 37 回合时的残局形势。观枰面:红方车炮兵单缺相对黑方车马士象全,是常易遇到的局面,红方凭借"铁门栓"的攻杀,表演了迅速取胜的战术杀法,既精妙又实用。红方先走:

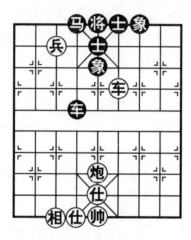

图 10-2

着法:红先胜。

38. 兵七平六!　车 4 平 5

红方仰仗"铁门栓"杀势,喂兵九宫压马,妙不可言;黑方不敢退车吃兵,只得平车中路仰人鼻息,否则红方出帅即成绝杀。

39. 帅五平四!　车 5 进 2

红方"御驾亲征",部署助攻兵力!黑方只能进车走闲,如改走马 4 进 2,则兵六平七捉死马红方胜定。

40. 炮五平六!　……

平炮攻马精妙绝伦!欲调黑车以巧制胜。

40. ……　　　　车 5 平 4　　41. 兵六进一!（红胜）

至此,黑如退车吃兵,红则炮六平五,成铁门栓绝杀;又如士 5 退 4,则红车四进三破士后亦胜定。

第3局　马献车口　一步登天

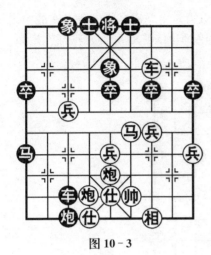

图 10-3

如图 10-3,是 2005 年 11 月太原全国象棋个人赛第 3 轮河北尤颖钦对浙江励娴战至第 20 回合时的形势。红方飞炮镇中,迎车喂马、一箭中的,造成"铁门栓"绝杀,十分精彩!

着法:红先胜。

21. 炮五进四　士 4 进 5
22. 炮六进二　车 3 退 4
23. 马四进六!（红胜）

献马于车口,构思独特,可谓奇绝之妙手! 下一招车三平四成"铁门栓"绝杀,一剑封喉,精彩至极。

第4局　兵不在多　有"着"则灵

如图 10-4,是 2006 年全国象棋团体赛甘肃刘勇对山东张志国战至中局时的形势。观枰:双方并无硝烟弥漫,更无短兵相接。然而,红方先行利用铁门栓杀势,仅用 3 手棋取黑"性命",也许让人难以置信,请看实战:

着法:红先胜。

1. 车九平四!……

抢先催杀! 入局妙手,倘若逃马则奇俗无比。

1. ……　　　将 5 平 4

黑方看到如改走马 4 进 5,前车平五,车 2 平 5,炮五进二,象 7 进 5,车五退三,丢车。出将无奈。

2. 前车平六　……

继上一手棋的连续手段,妙!

2. ……　　　车 8 进 1

回天乏术,只能听天由命。

3. 帅五平六（红胜）

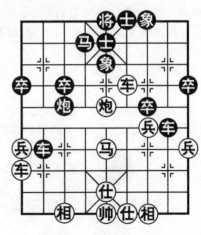

图 10-4

第5局　抢攻在先　赢得俏皮

如图 10－5，是 2000 年沪南体育馆上海市第 6 届老运会象棋赛之实战中局形势。枰面黑方虽多一子，且有闷宫杀势，但左车原地"踏步"，又轮红方走棋；红方凭借中炮之威，先下手为强：

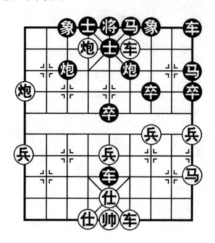

图 10－5

着法：红先胜。

1. 炮九平五　　士 5 进 4

红方平炮照将先下手；黑方撑士无奈，如改炮 6 平 5，则前车进一速胜；又如改走炮 3 平 5，则后车进七，也是绝杀。

2. 炮六平五　　象 3 进 5　　3. 前车进一！……

弃车砍马，快速入局的好手！

3. ……　　　　将 5 平 6　　4. 车四进七　　将 6 平 5

5. 帅五平四！

解杀还杀，黑无解，红方胜定。此则短小杀局，展示了老棋手敏锐的进攻意识和老到的连杀技巧，以及骁勇善战的风貌。

 第6局　左右迂回　车炮逞雄

如图 10－6 为 1978 年全国象棋赛中，福建郑茶生对辽宁郭长顺弈至第 48 回合时的局面。现轮红方走子。

着法：红先黑胜。

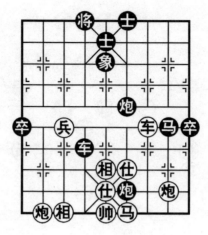

图 10-6

48. 炮八进五　后炮进 2

为制定"铁门栓"计划打造平台。

49. 炮二进二	车 4 进 2	**50.** 车三退一	马 8 退 6
51. 炮二进六	将 4 进 1	**52.** 炮二退一	将 4 退 1
53. 炮二进一	将 4 进 1	**54.** 炮二退一	将 4 退 1
55. 车三进三	后炮平 2	**56.** 相七进九	炮 2 平 5 (黑胜)

黑炮左右迂回作杀，红飞边相无奈，至此黑方"铁门栓"计划圆满实现。

 第 7 局　炮击中兵　如雷轰顶

如图 10-7 为何顺安对陈荣裳于 1949 年弈于上海凌云阁的一则古局。双方弈至第 22 回合。以下请欣赏两位棋坛前辈的续着。

着法：黑先胜。

22. ……　　　　炮 5 进 5

黑炮打兵，如雷轰顶，遂成铁门栓杀势。由于红右翼空虚，二路红车不敢食炮。只得退守。

23. 车二退三	士 6 进 5	**24.** 车八平二	卒 3 进 1
25. 兵九进一	炮 6 退 1	**26.** 前车退二	后车退 3
27. 马三退一	象 7 退 9	**28.** 前车平七	将 5 平 6

御驾亲征，加大"铁门栓"攻杀力度。

29. 马一退二	炮 6 平 7	**30.** 马二退三	前车退 1
31. 车七进一	后车进 2	**32.** 马九进八	前车平 7

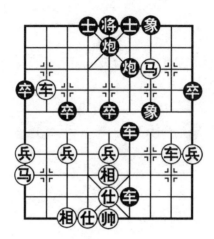

图 10 - 7

33. 马八进六　炮 5 退 1　　**34.** 车七退一　车 7 退 1

以下红无法阻挡黑车 7 平 6 所形成的"铁门栓三捣将"杀势。黑胜。

 第 8 局　弃车砍炮　支援前方

如图 10 - 8 为上海浦东邬正伟与黑龙江张晓平战完 17 个回合时的中局形势。观枰面,黑大举进犯红后方,在此严峻的形势下,红制定出一边抗战、一边反攻的计划,实战着法如下:

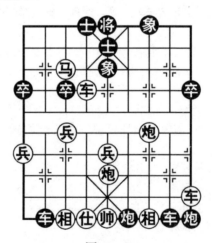

图 10 - 8

着法:红先胜。

18. 车一退一　车8平9

红应给在保卫战中壮烈牺牲的大车记头等功。

19. 炮三平五　炮6退9　　**20.** 车六平三　象7进9

21. 前炮平二　象9退7　　**22.** 炮二平五　象7进9

23. 后炮平一　象9进7　　**24.** 车三退一　车9平8

25. 车三进二　炮6进4　　**26.** 车三进二　炮6退4

27. 帅五平四　（红胜）

第9局　攻不忘守　弃车造杀

如图 10-9 为吕钦与陶汉明在第17届五羊杯象棋冠军赛上战成的残局形势，目前红方已搭建"铁门栓"攻杀的平台，请看红方如何入局：

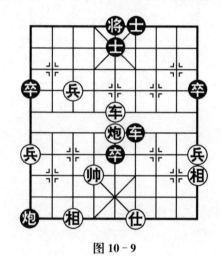

图 10-9

着法：红先胜。

46. 仕四进五　……

攻不忘守，如急走兵七进一则炮1平6再平5，红方急攻不下反而会落下风。

46. ……　　炮1平2　　**47.** 兵七进一　炮2退9

48. 帅六退一　炮2平4　　**49.** 帅六退一　炮4进6

50. 兵七进一　卒5进1　　**51.** 相七进五　……

如误走兵七平六催杀，则卒5平4红丢车。

51. ……　　炮4平5　　**52.** 兵七平六（红胜）

弃车，"铁门栓"胜。

第10局 马炮成仁 共纾国难

如图10-10为刘殿中与张影富弈成的中局形势。现轮黑方走子,鉴于下一着红可车三进三作杀,因此:

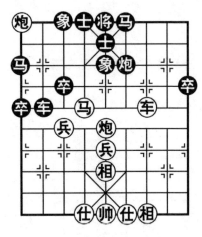

图 10-10

着法:黑先红胜。

1.……   车2退4   2.炮九平七   车2平3

红方先弃一炮。

3.马六进五   ……

再弃一马,真可谓"艺高人胆大"。

3.……   马6进5   4.车三进四   炮6退2

5.仕四进五

红方马、炮杀身成仁,起到了避黑车、陷黑马的作用,以下黑阻挡不了红帅五平四的"铁门栓"杀着,红胜。

第十一章　双车胁士杀法的妙用

第1局　毁霸王车　成胁士杀

如图 11-1,是 2006 年 5 月苏州第 3 届全国体育大会"浦发银行杯"象棋赛第 6 轮中,黑龙江郭莉萍对浙江励娴战至第 22 回合时的对攻形势。中盘红方妙手倒马捉车,拆黑方霸王车防御,伏双车胁士的攻杀,最后以车砍士完成杀局,弈来精彩动人。

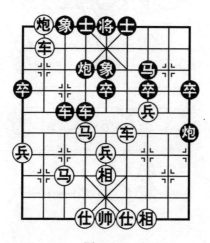

图 11-1

着法:黑先红胜。

22.……　　　炮 9 平 4　　**23.**马七进六　卒 7 进 1

红方进马吃炮,着法坚决。如误走马七进八,黑则车 4 平 7 兑车,并无险情,黑方不惧;黑方拱卒吃兵,稳健。如改走炮 4 进 3,红则车四进三后,黑亦有顾忌。

24.马六退八!……

妙手拆毁黑方霸王车的防御,暗伏双车胁士的攻杀,胜利在望。

24.……　　　车 3 进 2　　**25.**车八平六　车 3 平 2

黑如改走士 6 进 5,红则车四进四,铸成双车胁士杀法的标准形式,黑方无解。

26.车六进一　将 5 进 1　　**27.**车六平五　将 5 平 4

28. 车五平四 （红胜）

先用"篡位车"照将，后弃车杀士，顿挫有序，着法井然有序，黑若续走马 7 退 6 吃车，则车四进四红胜，胜得精彩异常。

 第 2 局　弃炮轰士　冷着制胜

如图 11-2，是 2006 年 6 月加拿大卡尔加里市象棋协会主办的"洪明杯"棋王赛中的局面。华裔 13 岁杨润泽战胜了当地高手甄子良的精彩对局吸引了众人的眼球，他们以飞相对挺卒开局，枰面是他们战至 35 回合时的形势，只见棋童进边车、轰底士，双车胁士，妙成杀局。

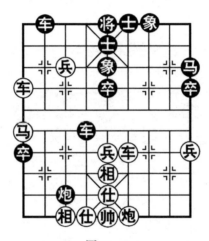

图 11-2

着法：红先胜。

36. 车九进二　……

进车暗藏杀机，着法凶狠！

36. ……　　炮 3 平 1

黑方平炮拴链随手，忽略小孩炮打底士的冷手，但除此黑方也没有更好着法。如改走马 9 进 7，红则炮四进九，士 5 退 6，车四进三，炮 3 平 1，车四平三，车 4 平 1，车九平四，车 1 退 4，兵七进一，象 7 进 9，车三进一，红方胜定。

37. 炮四进九！　士 5 退 6　　**38.** 帅五平四　……

出帅助攻，将构成"双车胁士"的绝杀局面。

38. ……　　士 6 进 5　　**39.** 车四进五

黑方无力解杀，投子认负。

第 3 局　　远炮轰城　　双车建功

如图 11－3，是 2006 年 7 月 25 日至 7 月 31 日中国棋院第 5 届"威凯房地产杯"象棋大师排位赛中的一盘实战中局。枰面双方严阵以待，局势乍看平稳，陡然，红方突发奇招，黑方遭到灭顶之灾。请看王斌对苗利明之战：

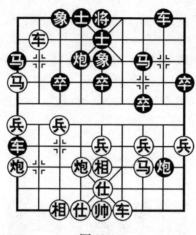

图 11－3

着法：红先胜。

1. 炮六进七！……

突发冷着！令黑猝不及防。

1. ……　　　将 5 平 4

应改走士 5 退 4 稍好，红如接走车四进八，则炮 8 退 6，车四平二，车 8 进 1，车八平二，黑虽少一士，但暂无大碍，绝对好于实战。

2. 车四进八　　炮 4 退 1

红方车进象腰，欲双车胁士，着法凶悍！是炮击底士后的连续动作；黑方退炮逐车自乱阵脚，应改走将 4 平 5 坚守为宜。

3. 马九进七　　炮 4 平 3

无奈之举，如改走马 1 退 3 打双车，则车八平七，炮 4 平 6，车七平五，红方速胜。

4. 炮九平八！……

平炮着法刁钻、凶险，潜伏杀机！

4. ……　　　车 8 平 6

此时邀兑车已然迟缓，如改走将 4 平 5，则车八平七，马 1 退 3，炮八进七，士

5退4,车四平六,将5平6,车六进一,将6进1,车六退一,将4进1,炮八退一,车8平6,马七退五,马7进6,炮八退一,象5进3,车六退一,象3退5,马五退三,将6退1,车六进一杀,红方亦胜。

5. 车四平三　车6平7　**6.** 车八平七! ……

时机成熟,弃车砍炮尤为精妙!黑方难逃一败。

6. …… 　马1退3　**7.** 炮八进七　将4进1

8. 炮八平三　象5退7　**9.** 车三退一　车1平4

10. 马七退五　象7进5　**11.** 车三平五　(红胜)

 第4局　弃车献马　图穷匕见

如图11-4,是1957年全国象棋个人赛,武汉李义庭对兰州管必仲弈成的中局形势。黑方已成三面围攻红阵之势,只待临门一脚破门而入。请欣赏黑方的精彩入局。黑方先行:

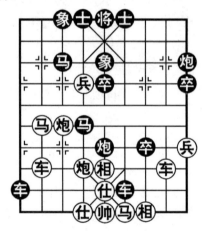

图11-4

着法:黑先胜。

1. …… 　车1平5!

黑方算准可用"双车胁仕"杀法迅速入局,故痛下杀手,大胆穿心,实施杀法。

2. 仕六进五　车6平5　**3.** 帅五平六　马4进3!

渴骥饮泉,精妙绝伦!有此仙着,连杀成立。

4. 车八平七　车5进1　**5.** 帅六进一　炮5平4!

闷杀,绝妙!堪称象棋弈战之经典杀局!

第5局　车纂将位　入穴擒虎

如图11-5,是1982年"避暑山庄杯"象棋邀请赛河北刘殿中对四川黄有义的实战中局。双方虽子力相当,但呈红攻黑守的局面,请看轮走棋的红方是怎样表演双车胁士杀法的。

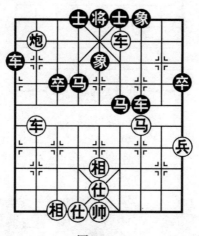

图11-5

着法:红先胜。

1. 炮八进一　　士4进5

如改走象3退5,则车八进四再平六成绝杀,红速胜。

2. 炮八平四！　将5平4

出将无奈。防红方沉车叫将后,炮碾丹砂的攻杀。

3. 车八进五　将4进1　　**4.** 车八平五！……

红车坐黑老将位,成纂位车,构成绝杀!

4. ……　　　马6退7　　**5.** 车四平五！

以下马7退5,则炮四退一,将4进1,车五平六杀。红胜。

第6局　投肉饲虎　功败垂成

如图11-6为广东庄玉庭对尚威战至第24回合时的局面。现轮黑方走棋。

着法:黑先红胜。

24. ……　　　炮2平5　　**25.** 仕四进五　马3进2

26. 相七进五　炮5进5　　**27.** 仕五进六　马2退4

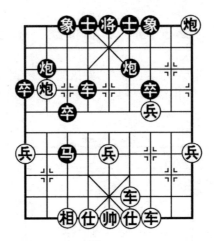

图 11 - 6

28. 车四平六　炮 6 平 5　　29. 车三进二　车 4 平 2

30. 车六进一　卒 7 进 1　　31. 炮一平四　……

弃炮轰仕,为以后双车胁仕创造条件。

31. ……　　　前炮平 6　　32. 仕六进五　车 2 进 6

33. 车六退二　炮 6 平 5　　34. 帅五平四　车 2 退 4

35. 车三平四　卒 7 进 1　　36. 车四进六　士 4 进 5

37. 车六进八

至此,黑急攻不下,功败垂成。红双车胁士胜。黑如续走后炮平 8 则炮四平七,炮 8 退 2,炮七平三,车 2 平 6,车四退四,卒 7 平 6,车六退六,黑投肉饲虎,无济于事。

第7局　小兵赛车　大显身手

如图 11 - 7 为国家队集训赛,湖北柳大华对河北李来群弈完第 38 回合后的形势。观枰面:红方正捉黑士,而黑车也瞄红炮,现轮红方走棋,请欣赏红方弃炮杀士,以"双车胁士"杀法取胜的精彩着法:

着法:红先胜。

39. 车六进一　车 3 平 5　　40. 车六进二　将 5 进 1

41. 兵四进一　车 5 平 2　　42. 车六退三　炮 1 平 5

43. 仕五退六　将 5 退 1　　44. 兵四进一　……

红兵衔枚疾进、闯入九宫,此时红兵已与大车具有同等子力价值了。

44. ……　　　士 6 进 5　　45. 车六进二

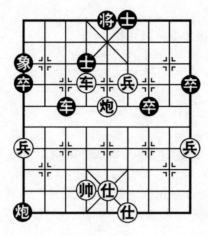

图 11 - 7

形成"双车胁士"杀势,黑无解。

 第 8 局　妙用等着　驱虎离山

在 1965 年全国象棋个人赛上,杨官璘与胡荣华恶战至如图11-8形势,红方必须抢在黑方尚未形成"单车保肋士"的防守阵形之前取胜,否则将成为和局。以下请看红方如何利用"双车胁士"杀法取胜(红兵入九宫,其子力价值已接近红车):

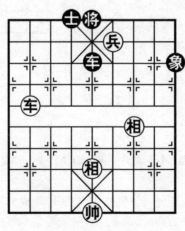

图 11 - 8

着法:红先胜。

1. 车八平二　象 9 退 7　　2. 车二进四　车 5 平 7

3. 车二退一　……

良好的等着,迫使黑车撤离防守要津。

3. ……　　　　车7平5　　**4.** 车二平三　象7进9

5. 车三平二　车5平7　　**6.** 车二退二　士4进5

7. 车二平五

"双车胁士",黑无解。

 第9局　兵占要道　以一当十

如图11-9为1980年乐山全国象棋个人赛中广东杨官璘与江苏言穆江大战104个回合后的残局。以下请看红方如何利用"双车胁士"之法取胜:

着法:红先胜。

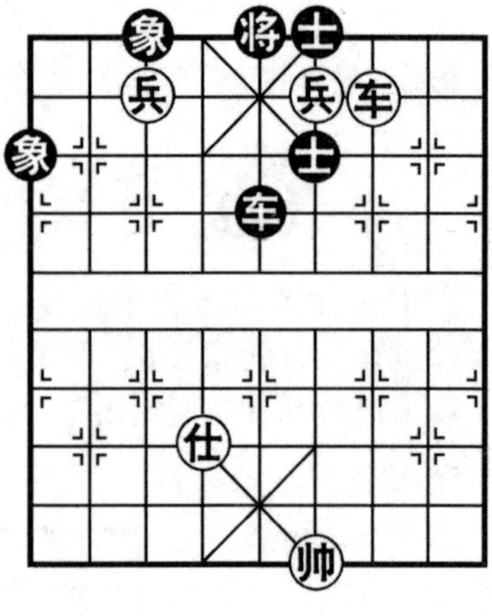

105. 仕六退五　车5平6

106. 帅四平五　车6平3

107. 帅五平四　车3平6

108. 帅四平五　士6退5

109. 兵七平六　士5进4

110. 兵四进一　将5平6

111. 车三退一　车6平4

112. 车三平四　将6平5

113. 车四进一　车4平1

114. 帅五平四　车8退3

115. 车四退三　士4退5

116. 车四平五　……

图 11-9

已形成"双车胁士"局面。

116. ……　　　　车8进1　　**117.** 仕五进六

以下红方帅四平五胜。

 第10局　兵闯九宫　破士擒王

在2003年重庆市棋王赛上,黎德志与路耿弈成如图11-10的中局形势。现轮红方走棋,请欣赏红方以"双车胁士"杀法取胜的实战着法:

着法:红先胜。

36. 兵五进一　车4退1　　**37.** 帅五平四　士6进5

38. 兵五进一　士4进5　　**39.** 车八进四

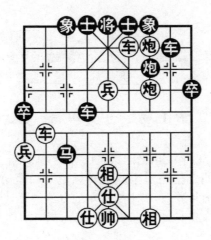

图 11 - 10

黑如接走车 4 平 5,则车八平五,车 5 退 2,车四进一,红胜。

 第 11 局　弃炮轰士　一锤定音

如图 11 - 11 为黑龙江赵国荣对辽宁孟立国于 1982 年在成都战完 27 个回合后的局面。现轮红方走子。

着法:红先胜。

28. 车二进八　……

红方制定可持续发展的双车胁士进攻计划。

28. ……　　　车 2 平 1

29. 炮九平八　车 1 平 2

30. 炮八进二　卒 6 平 7

31. 炮八平五　……

一锤定音,黑败势已呈。

31. ……　　　卒 7 进 1

32. 兵六进一　炮 6 退 2

33. 前炮退二　士 4 进 5

34. 车二平五

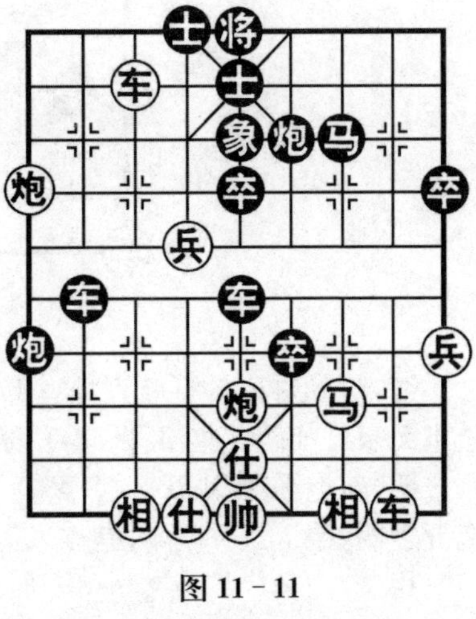

图 11 - 11

以下应是马 7 退 5,车七平五,将 5 平 4,车五进一,将 4 进 1,兵六进一,将 4 进 1,车五平六,红胜。

第十二章 困毙杀法的妙用

第1局 寸步难行 坐以待毙

如图12-1,是1989年泾县全国象棋团体赛第6轮之战,由河北阎文清对湖北刘振文。双方以仙人指路对卒底炮转顺炮开局至第12回合时的对攻形势。此刻红方为了车抢肋道,弈出平炮打车的奇绝妙手,制造出铁门栓杀势,又弈至第18回合,巧妙构成实属罕见的困毙局面,黑方只能坐以待毙。

着法:红先胜。

13. 炮六平八! 车2平1

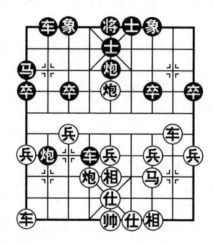

图 12－1

红方平炮打车,石破天惊,为九路车抢肋道煞费苦心,堪称奇绝之手! 黑方避车无奈。如改走炮2平5,红则车九平六! 车2进6,车二平六,车4退1,车六进四,前炮平4,帅五平六,卒3进1,兵七进一,车2退3,炮五退三,车2平5,炮五进四,象7进5,车六退一,红方得子胜定。

14. 车九平六! 车4进3　　**15.** 帅五平六 车1进1

16. 车二平六 炮2退6　　**17.** 兵三进一 车1平3

18. 车六进一!(见附图)

至此如附图,红方这手车六进一,致使黑方主要子力不能动弹,巧妙构成困

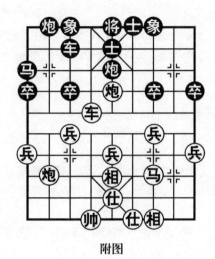

附图

毙局面,红方只需三路马到成功,这种坐以待毙的尴尬局面,在全国赛中实属罕见。

 第2局 妙手兑车 困毙制胜

如图12-2,是1963年川、皖、苏、浙、沪五省市中国象棋友谊赛,上海胡荣华对四川刘剑青的实战残局。现在轮红方走棋,红方巧用困子战术,妙手制胜,实战着法如下:

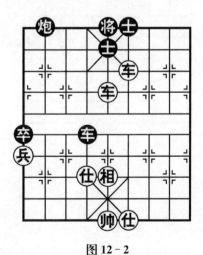

图12-2

着法:红先胜。

1. 车四平七　炮 2 平 4

红方平车闪击,黑方平炮贴将无奈,否则边卒白丢输定。黑方如改走卒 1 进 1 吃兵,则红车七进二,车 4 退 5,车七平六,将 5 平 4,车五平八捉炮得子,红方亦胜定。

2. 车七退三!……

妙手兑车!为困毙杀法埋下伏笔。

2.……　　　　　车 4 平 3　　3. 相五进七　卒 1 进 1

4. 车五平八!

既限制黑方底炮,又使黑卒不能横移,造成困毙致负。试演如下:炮 4 进 2,车八进三,炮 4 退 2,帅五进一,卒 1 进 1,相七退九,黑方欠行,红胜。

 第 3 局　作茧自缚　啼笑皆非

如图 12-3,是 1984 年全国少年集训赛(女子)广东甘碧玲对北京翟云奕的实战残局。现在轮红走棋,红方妙用困子战术,使黑方形成马炮士象全七子无一可动的美妙景象,观之赏心悦目。堪称困毙棋例的经典之作。

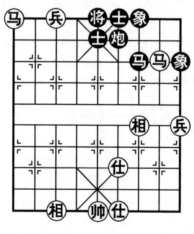

图 12-3

着法:红先胜。

1. 兵一进一　炮 6 平 9　　2. 兵一进一　炮 9 平 7

黑方平 7 路炮,放红马奔槽,犹如作茧自缚、自投罗网,从而造成速败。如改走象 7 进 5 尚有谋和希望,试演如下:象 7 进 5,兵一进一,炮 9 平 6,马九退八,象 5 退 3,马八进七,将 5 平 4,成马、炮双士象对红方双马低兵仕相全,虽处下风,但尚存和机。

3. 马二进一　炮7平6

4. 马一退三　……

退马卧槽牵制黑炮,伏马九退
七的杀着。

4. ……　　马7进5

5. 马九退七　……

红左翼槽马叫将,又困住
黑马。

5. ……　　　马5退4

6. 兵一平二!

平兵塞象眼,致使黑方将双士
双象、马、炮七子无一可动,巧妙之
至!见附图。黑方困毙而亡,
红胜。

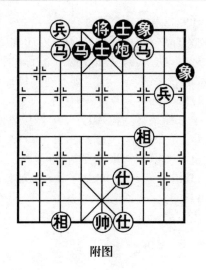

附图

 第4局　着着紧逼　巧妙困毙

如图12-4,是1981年承德十一省市中国象棋邀请赛,黑龙江孙志伟对甘
肃钱洪发由飞相局对左中炮布局弈完第104回合时的残局形势。红方如何以
先行之利,妙演困毙杀法的精彩一幕,请看实战着法:

着法:红先胜。

105. 车五进三!　……

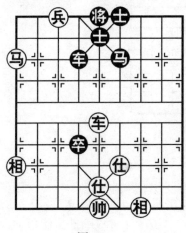

图12-4

献车保马,强手!

105. ……　　　车4进1

不如车4退1,退让为好。

106. 仕五退六　马6进7

107. 马九进七　车4退2

108. 马七退八　车4平2

红方退马正着,如改走车五平六捉
车,则黑马7退5,立成和局;黑方平车
捉马,帮红走棋,不如径走卒4进1,使
红方也有顾忌,以下红如接走车五平
六,马7退5,车六进一,马5退4,帅五
进一,马4进5,马八进七,马5退4,以
后用卒走闲,可成和局。

109. 马八退六！　卒 4 平 5

黑方献卒遮挡中路,实属无奈！如改走车 2 进 3,则红兵七平六,将 5 平 4,马六进七,抽车胜；又如改走车 2 平 4 捉马,则马六进四,黑仍不好应付。

110. 车五退四　马 7 退 8　　　**111.** 车五进四　马 8 退 6

112. 车五平六！……

平车催杀,佳着！黑方子处低位已难招架。

112. ……　　　马 6 进 5　　　**113.** 车六退一　……

也可改走车六平五捉马,得子胜。

113. ……　　　车 2 平 4　　　**114.** 车六进二　马 5 退 4

115. 马六进四

以下必然是马 4 进 5,马四进三,马 5 退 6,帅五进一,困毙。黑方认负。

第 5 局　献马挡车　红动不得

如图 12 - 5,是 1981 年承德十一省市中国象棋邀请赛的实战对局。观枰:红方虽少一子,但车控中路、马窥挂角、兵抵九宫,气势汹汹,现轮黑方走棋。请看黑方妙手腾挪、困毙制胜的精彩过程:

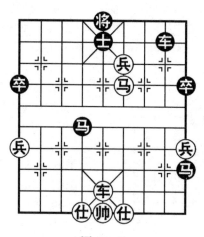

图 12 - 5

着法:黑先胜。

1. ……　　　马 4 进 5！

献马挡车精妙！攻守两利。取胜关键,红若吃马则马 9 进 7,黑方得车胜定。

2. 马四进六　士 5 进 4　　　**3.** 车五进一　车 8 平 5！

4. 兵四平五　马 9 进 7！　　**5.** 帅五进一　马 7 退 5

6. 兵五进一　将 5 进 1

以下红兵一进一,则卒 1 进 1,红棋无子可动,黑胜。

 第 6 局　三子联攻　妙演"欠行"

如图 12 - 6,是 1995 年首届"广洋杯"全国象棋大棋圣赛的实战残局。枰面红方多兵过河且兵种好,已呈胜势,且看红方先行妙演困毙一幕:

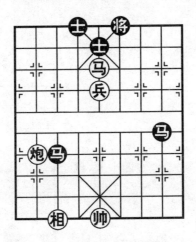

图 12 - 6

着法:红先胜。

1. 炮八进六　将 6 进 1　　**2.** 炮八退一　士 5 进 6

上士无奈。如改走将 6 退 1,则兵五平四,以下兵冲肋道,红胜。

3. 马五进六　将 6 平 5　　**4.** 马六退七　将 5 退 1

5. 炮八退一　马 8 退 6

如改走士 6 退 5,则兵五进一,士 5 退 6,炮八退一,平中要杀,红胜。

6. 炮八平四　马 3 进 2　　**7.** 相七进五　马 2 退 4

8. 帅五进一　马 4 退 5　　**9.** 炮四平一　马 5 退 3

10. 炮一退七　……

"残棋炮归家",黑方双士被劫后,光头老将更难防守。

10. ……　　　　马 6 进 4　　**11.** 兵五进一　马 4 退 5

12. 兵五进一　将 5 平 6　　**13.** 马七退六　马 3 进 4

14. 帅五退一　马 4 退 5　　**15.** 炮 1 进 1！后马退 7

16. 炮一平五　马 5 退 4　　**17.** 马六退四　马 4 进 6

18. 炮五平四　马7进8　　**19.** 相五退七！

退相弃马，绝妙的等着！黑如马8进6吃马，炮四进二，黑方各子无法动弹困毙而负；如走马8进7，则炮四进五，得马，红方胜定。

 ## 第7局　底卒建功　奇妙横生

如图12-7，是2003年全国象棋团体赛的实战残局。枰面双方子力完全相等，论势分析黑方稍好，黑方勇于进取，架炮先行：

着法：黑先胜。

1. ……　　　　炮6平5！

黑方不甘和棋，架中炮发动进攻，佳着。如改走马5退4吃兵，则炮四退三，打死卒和棋。

2. 帅五平六　马5进3

3. 炮四退三　……

可改走马三进五，卒3平4，帅六平五，马3退5，马五进三，马5进4，炮四平五，红无大碍。

3. ……　　　　马3进5

4. 马三进五　……

红马盘头，失察之着，造成败因。应改走炮四平二，卒3进1，帅六进一，马5退3，帅六进一，虽落下风，但求和机会多多。

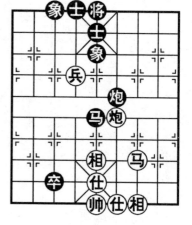

图 12-7

4. ……　　　　卒3进1！

5. 帅六平五　……

老卒照将，冷着，是好棋。红如改走帅六进一，则马5退3，帅六进一（如马五退七，炮5平3打死马，黑方胜定），马3退5，黑方夺马胜。

5. ……　　　　马5进7！

妙哉！盘面上除兵外，红方全部子力均不能动弹。以下控制红兵：兵六平七，士5进6，兵七平六，士4进5，兵六平七，将5平4，兵七平六（防黑卒3平4，铁门栓杀），将4进1（见附图），至此，红方全部子力被困，若相三进一，马7退9后，仍无济于事，形成奇妙有趣的"欠行"局面，黑胜。

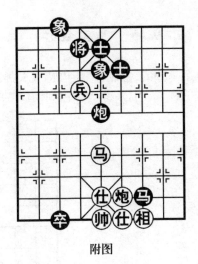

附图

 第8局 鸠占鹊巢 高不胜寒

如图12-8,是深圳卜凤波与广东黄海林大战33回合后的形势。观枰面,黑虽未失子且多一枚闯入九宫的中卒,但将位极差,高处不胜寒,且看红方如何利用黑棋弱点,采用困子战术取胜。现轮红方行棋:

着法:红先胜。

34. 帅五平四　卒5平6

红出帅意图将黑6路马困死。

35. 车三平四　炮5退1

36. 马七进五　车5平3

红马跃入黑方将位,鸠占鹊巢,加强对黑将的围困。

37. 车四退三　卒1进1

此时黑已被困得无子可动,只能坐以待毙。

如将6平5,则炮九退一,车3退1,车四进四(伏车四进一杀),炮5平4,车四平五,红胜。

38. 车四平三　(红胜)

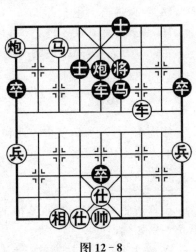

图12-8

第9局　两翼包抄　兑炮速胜

如图 12-9 为在山东举办的"嘉利杯"象棋特级大师邀请赛上,由陶汉明与卜凤波战至残局时出现的枰面。且看黑方如何利用仅多一低卒的优势取胜。

着法:黑先胜。

1. ……　　　卒 8 平 7

黑计划利用微弱优势实行两翼包抄进攻,而不愿以 2 路卒长捉红炮成和。

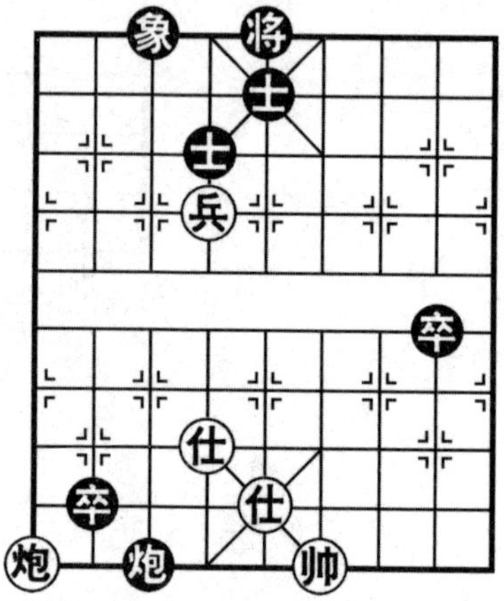

2. 炮九进四　卒 7 平 6

3. 炮九平六　卒 2 平 3

4. 炮六进一　炮 3 平 2

5. 炮六平一　卒 6 进 1

6. 兵六平五　卒 6 平 7

7. 帅四平五　卒 7 进 1

8. 炮一退四　卒 3 进 1

9. 仕五退六　卒 7 平 6

图 12-9

10. 仕六退五　卒 6 平 5　　**11. 炮一进二　卒 3 平 4**

12. 帅五平六　卒 5 进 1　　**13. 炮一平六　炮 2 退 8**

14. 炮六进三　士 5 进 6　　**15. 炮六退二　士 4 退 5**

16. 兵五平六　象 3 进 5　　**17. 炮六退二　炮 2 退 1**

至此红方无着,如续走炮六进一,炮 2 平 4,炮六进六,将 5 平 4,红被困毙。

第10局　出帅牵马　立毙顽敌

如图 12-10,为南京张青皓和广东陈松顺两位棋坛前辈搏杀 50 个回合后的局面。现轮红方走子。

着法:红先胜。

51. 帅五平六

御驾亲征,牵制黑马,真乃神来之笔,此着一出黑将立即被困毙。黑方投子认负。黑如续走:

A. 将 4 平 5　兵七进一　马 4 进 3　车五退一　　(红胜)

B. 士 5 进 4　车五平六　车 7 退 2　车六平四

　　将 4 平 5　车四平五　将 5 平 4　车五进一

　　车 7 平 5　炮一平三　车 5 退 1　炮二平五　　(红胜)

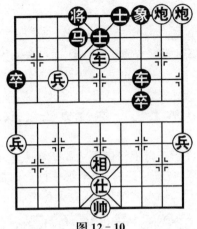

图 12 - 10

C. 士 5 进 6　车五平四　车 7 平 4　兵七平六

　　马 4 进 6　兵六进一　将 4 平 5　兵六平五　　（红胜）

D. 卒 7 进 1　车五退一　车 7 进 1　车五平六　　（红胜）

 ## 第 11 局　将计就计　独兵擒王

如图 12 - 11,为梁文斌大师在广东省五
一象棋公开赛上执红弈成的残局形势,目前
黑方摆下弃炮的空城计,企图制造黑将长捉
红炮而形成和棋局面,请看红方如何将计就
计,利用困毙杀法取胜的精巧着法:

着法:红先胜。

1. 炮二平六　……

将计就计,虽炮陷九宫,但胸中自有雄
兵百万。

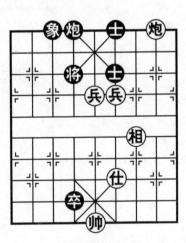

图 12 - 11

1. ……	卒 4 平 5		
2. 帅五进一	将 4 退 1		
3. 炮六平五	将 4 平 5		
4. 帅五平六	将 5 退 1		
5. 兵四进一	士 6 进 5	**6. 兵四进一**	士 5 进 6
7. 兵五平四	士 6 退 5	**8. 帅六平五**	象 3 进 5
9. 前兵平五	将 5 进 1	**10. 兵四进一**	

以下将 5 平 4,兵四平五,将 4 退 1,兵五进一,黑被困毙!

第十三章 双车错杀法的妙用

第1局 弃炮轰士 双车纵错

如图13-1,是1982年1月上海市第一届老年人运动会象棋比赛由屠景明对许立勋以"起马对挺卒转顺炮"开局,弈至第9回合时的形势。以下红方仅用4个半回合,铸成纵线"双车错",着法精巧,令人称奇。

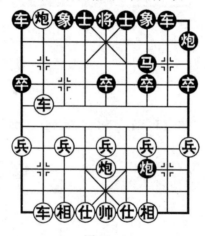

图13-1

着法:红先胜。

10. 前车平六　士6进5　11. 炮五平六!　车8进6

红方卸中炮欲攻士,抢攻的好手!黑方伸车过河,空着。

12. 炮六进七　士5退4　13. 车六进四　将5进1

14. 车六平五　将5平4　15. 车八进二

双车错,红胜。以下黑如接走车1进2,红则车八平六,车1平4,车五平六,抽车后亦红方胜定。

第2局 强占肋道 "车错"叫杀

如图13-2,是1985年"柳泉杯"象棋大师赛黑龙江赵国荣对浙江于幼华弈完13回合的形势。面临黑方车4平2的凶着,红方走出了令人瞠目结舌的好棋,为铸造双车错杀势奠基。

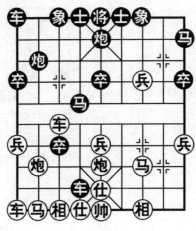

图 13－2

着法:红先胜。

14. 马三进四　……

置黑方"压马车"得子于不顾,进马邀兑强买肋道,体现了赵特大的硬朗棋风和敏锐的棋感。

14. ……　　　马4进6　　15. 车七平四　车4平2

平车压马有嫌冒进。应改走炮5进5,红如接走帅五平四,士4进5,炮五进四,将5平4,炮八平六,虽红方仍持先手,但黑方较实战为好。

16. 车九进二　车1进2　　17. 炮五进四　炮5进5

18. 帅五平四　炮2平6　　19. 炮八平四　车2退3

20. 车四进二　车2平5　　21. 炮四进五　炮5退3

22. 炮四平五!　……

献炮闪击,战术既巧妙又凶狠!

22. ……　　　炮5平3　　23. 车四进三

红方胜势。此手如改走车九平二叫杀,黑炮3退2,车二进六点穴"死亡线",伏车四进三双车错绝杀,更为快速和简洁。

 第3局　炮击中士　双车逞威

如图 13－3,是 1981 年温州全国象棋个人赛湖北柳大华对广东吕钦,由中炮过河车急进中兵对屏风马平炮兑车弈至 18 回合时的中局形势。轮红先行,如何演绎双车错杀势?请欣赏柳大华的精彩展示:

着法：红先胜。

19. 炮五进二！……

轰士踩车，由此入局！

19. …… 马7进8

20. 马四进三！……

突破黑方担子炮防线，棋局向纵深发展，妙！

20. …… 炮2平7

21. 车八进九 将5进1

如改走车4退4，则红车四进五，将5平6，车八平六，将6进1，炮五平三，红方得子胜势。

22. 车四进五 炮7进8

23. 仕四进五 象5退3

24. 炮九平五！ 象7进5

25. 车八平七

双车错杀，红胜。

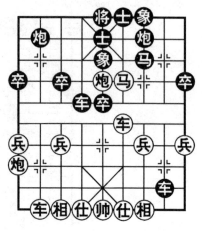

图 13 - 3

 第4局　炮轰花心　九宫欲倾

如图13-4，是1985年3月上海"上录杯"全国象棋大师邀请赛安徽蒋志梁对上海于红木，由顺炮直车对缓开车开局战至16回合时的中局形势。红先，弃炮轰士，痛下杀手，构成二车错杀势致胜，实战着法如下：

着法：红先胜。

17. 炮九平五！……

炮轰九宫，吹响冲锋号！

17. …… 士4进5

18. 车二进二 士5退4

19. 马五进七 马6退7

20. 车二平六！ 士4进5

21. 车八进一 将5平6

22. 车八平七 将6进1

23. 车七平一 炮1进4

上一段红方着法丝丝入扣，现抽车已成

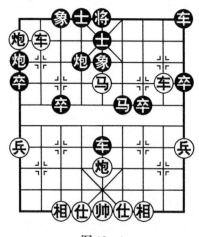

图 13 - 4

必胜,黑炮击边卒,做最后挣扎。

　　24. 车六平八　炮1平4　　　**25.** 马七进六　炮4退6

　　26. 车一平六　炮4进4　　　**27.** 车六平三　（红胜）

　　至此,不敌红方双车错杀势,黑认负。

 第5局　双献车马　绝妙惊人

　　如图13－5,是1978年元旦上海市象棋表演赛胡荣华对孙恒新弈成的中局形势。现轮红方走棋,请欣赏胡荣华奇特的构思和精彩的表演:

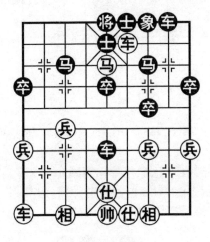

图13－5

　　着法:红先胜。

　　1. 马五进七　将5平4　　　**2.** 相七进五　车5退2

　　如改走车5平4,则红车九平八,车8进5,相五进三! 卒7进1,车四退五! 伏兵七进一和右车左移等多种手段,黑方难以招架。

　　3. 车四退五!　车5平4　　　**4.** 车九平八　车8进2

　　5. 兵七进一!　车4平3　　　**6.** 车四平七!　……

　　虎口拔牙,强获一子,胜局已定。

　　6. ……　　　　车3平4　　　**7.** 车七进四　车4退2

　　8. 马七退五!（见附图）

　　如附图所示,马退象口,形成双献车马的绝杀局面,表现了红方奇特的构思和精湛的技艺,展示了全国冠军的风采。

　　以下黑如接走车4平5(如改走车4平3吃车,则车八平六! 将4平5,马五进三卧槽马杀),则车七进二,将4进1,车八进八,将4进1,车七退二,双车错

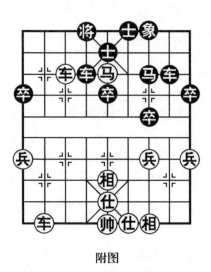

附图

杀,红胜。

 第6局 破连环马 演双车错

如图 13-6,是 1966 年全国象棋锦标赛湖北李义庭对黑龙江王嘉良的实战中局。枰面黑方虽炮镇中路、双车抢占肋道帅门,但其一车被红方连环马封锁,现轮黑方走棋,黑方演出了精彩的入局着法,铸成双车错杀法。

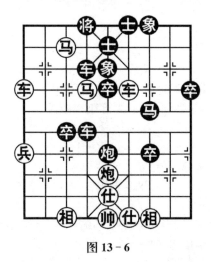

图 13-6

着法:黑先胜。

1. ……　　　　后车平3！

平车是破连环马的巧手！伏车3退1硬吃马，红如马六进七吃车，则车4进4铁门栓杀。

2. 马七进九　卒3平2！

平卒亮车，展开杀势！

3. 相七进九　车4进2　　4. 马九退八　车4平1！

5. 车九进三　象5退3　　6. 帅五平六　车3进7

选用3路车照将，正着。如误用车1进2照将，则帅六进一，车3进6，帅六进一，帅登三楼，即形不成"双车错"。

7. 帅六进一　车3退1

以下帅六退一，车1进2，双车错杀，黑胜。

 ## 第7局　双车隆隆　九宫摇摇

如图13－7为"林河杯"首届名人战中，黑龙江赵国荣与广东吕钦战完19个回合后的局面，现轮红方行棋。

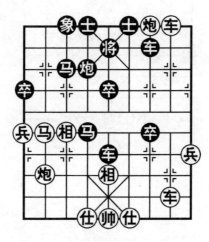

图13－7

着法：红先胜。

20. 后车进六　将5平4

赵特大说：此情无计可消除。

21. 炮八平六　士4进5　　22. 马八进七　炮4进5

23. 车二平七　马4退3　　24. 车七进一　将4进1

25. 车七退二　车5平4　　26. 车七进一　将4退1

27. 车七进一　将4进1　　**28.** 车二退二　象3进5

29. 车七退一　将4退1　　**30.** 车二平五　炮4平3

红车二平五已确立了"双车错"的战略部署。

31. 相七退九　车4进3　　**32.** 帅五进一　车7退1

33. 车七进一　将4退1　　**34.** 车七进一　将4进1

35. 车五平九　（红双车错胜）

第8局　互占空头　红车捷足

如图13-8为河北阎文清对厦门蔡忠诚弈至第13个回合的枰面。目前红炮正照将,且看黑方如何应对:

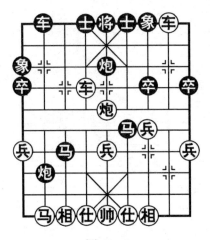

图 13-8

着法:黑先红胜。

13. ……　　　炮5进4

黑方并不示弱,遂挥炮过河,互架空头炮。可见蔡忠诚是位攻杀型棋手。

14. 马八进七　车2进4　　**15.** 车二退四　炮5退1

16. 车二平四　马6进7　　**17.** 车六平五　……

思路清晰。黑方自反架空头炮以后,攻势异常猛烈,此着红如误走车六平四,则马3进5,马七进五,马5进3,马五退六,炮2平5,黑胜。

17. ……　　　士4进5　　**18.** 车五平七　将5平4

19. 车七平六　士5进4　　**20.** 车四进四　将4进1

21. 车四退一　将4退1　　**22.** 车六进一　将4平5

23. 车四平六　炮2进1　　**24.** 前车进一　将5进1

25. 后车进一　将 5 进 1　　**26.** 前车平五　将 5 平 6

27. 车五平三　（红二车错胜）

第 9 局　　三弃滞敌　双车连杀

本局摘自《棋牌世界》2001 年第九期,如图 13－9 为 1983 年胡荣华与李来群的一盘实战中局。现轮黑方走子,请欣赏李特大精彩的弃子战术。

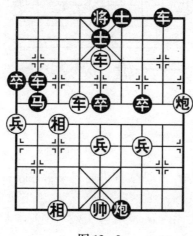

图 13－9

着法:黑先胜。

35. ……　　　　炮 6 退 5

黑弃肋炮,为 8 路车进攻扫清障碍并赢得宝贵时间。

36. 炮一平四　车 8 进 9　　**37.** 帅五进一　马 2 进 4

扑马增援,逼车退吃,为实现双车错计划又赢得一分宝贵时间。

38. 车六退一　车 8 退 1　　**39.** 帅五进一　车 2 进 5

40. 车六进一　卒 5 进 1

弃中卒碎红车六平八兑车的恶手,从而圆满地实现了双车错计划,以下红如续走车五退三(兵五进一,车 8 平 5,帅五平四,车 2 退 2 纵向错杀)则车 2 平 5,帅五平六,车 5 平 4,抽车,黑胜。

 第 10 局　　马踏中象　摧毁藩篱

如图 13－10 为火车头宋国强与海南杨克雄之战。双方已弈完 23 个回合。现轮红方走子。且看红方如何入局:

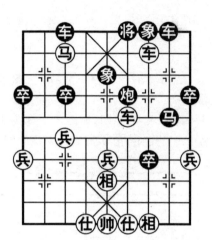

图 13 - 10

着法:红先胜。

24. 车四平六　马 8 退 9　　**25.** 车三平一　车 8 进 3

26. 马七退五　象 7 进 5

马踏上象,摧毁对方藩篱,为实施纵向二车错打造平台。

27. 车一退一　象 5 退 7　　**28.** 车一平三　车 8 退 3

29. 车三平四　将 6 平 5　　**30.** 车六平五　（红胜）

第11局　先舍后取　双车施威

如图 13 - 11 为在上海举行的全国赛中,广东杨官璘对上海朱剑秋弈完 26 个回合后的局势。

着法:红先胜。

27. 炮七进七　象 5 退 3

红先弃后取,并掠得一象,黑藩篱受损。

28. 车六平七　将 5 平 6

29. 车七进一　马 9 进 7

30. 车八进八　马 7 进 9

31. 车七进二　将 6 进 1

32. 车七平六　车 8 平 4

33. 车六平三　马 9 退 8

34. 车三退二　炮 4 平 5

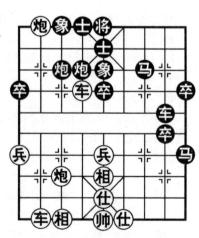

图 13 - 11

35. 车三进一　将 6 进 1　　**36.** 车三退五　炮 5 进 4

37. 车八退一

以下将 6 退 1,车八平二,双车错杀。

第 12 局　炮镇当头　双车占边

在 2001 年全国象棋锦标赛中,江苏小将徐超发挥出色。这一盘小徐战胜了特级大师卜凤波。图 13 - 12 为双方战完 30 个回合后的局面,目前徐超正以"双车错"的攻势威逼对方,且看入局着法:

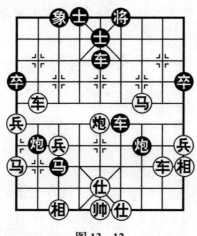

图 13 - 12

着法:红先胜。

31. 车二进七　将 6 进 1　　**32.** 车二退一　将 6 退 1

33. 马三进五　车 5 进 1　　**34.** 车三进一　将 6 进 1

35. 车八平三　炮 2 退 4　　**36.** 车三进二　车 5 平 7

黑扫雪填井,欲壑难平。

37. 车二退一　将 6 退 1　　**38.** 车三退一

至此红炮镇当头,双车占边黑无解。

第十四章 三子归边杀法的妙用

 第1局 弃车换双 所向披靡

如图 14-1,是 2006 年 2 月在沧州举行的河北省象棋名人战范军对郭爱民的实战中局。观枰:黑马正捉红车又踩红方相头马,旨在兑子减轻中路压力;红方识破黑方意图,毅然弃车换双马,保持强劲攻势,以下拒绝诱惑,巧用"拦""捉"战术,造成三子归边,从容获胜。

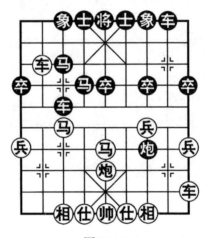

图 14-1

着法:红先胜。

1. 车八平七 ……

弃车换双马是保持攻势,快速入局的佳着!

1. …… 车 3 退 2 **2. 马七进六** 车 8 进 4

3. 车一平四 ……

开出主力,拒绝诱惑乃正确的选择!如贪炮走马五进四,黑则士 4 进 5,马四退三,车 8 平 4,黑方夺回失子后反以多卒占优。

3. …… 士 4 进 5 **4. 炮五进四** 象 7 进 5

5. 马五进四 ……

跃马拦车捉炮一着两用,攻势剧增!

5. …… 炮 7 平 4 **6. 车四进二** 炮 4 退 2

7. 炮五平九　象 5 退 7

落象助红三子归边,造成速败,应改走象 3 进 1 顽强抵抗为好。

8. 炮九进三　象 3 进 5　　　**9.** 车四平八　将 5 平 4

10. 车八平六　车 3 进 2

升车保炮无奈,如改走炮 4 平 5,马六进五,红速胜。

11. 马六进八　车 3 平 2　　　**12.** 马八进七　将 4 进 1

如改走车 2 退 4,车六进二,士 5 进 4,马七退六,车 2 平 1,马六退八,红亦胜定。

13. 马四进六　车 2 退 4　　　**14.** 马七退八

以下红伏炮九退四的凶着,黑方认负。

 ## 第2局　三子归边　气势如虹

如图 14 - 2,是 1986 年第 2 届"七星杯"国际邀请赛,美国陈志对中国于幼华弈成的残局形势。现在由黑方走棋:

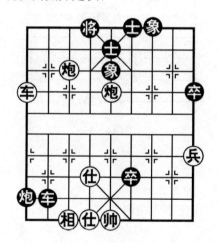

图 14 - 2

着法:黑先胜。

1. ……　　　　车 2 平 9!

平车攻击红方空虚的右翼,乃抢先下手的佳着!

2. 仕六进五　车 9 进 1　　　**3.** 仕五退四　炮 1 平 8!

平炮形成三子归边之胜势,伏打将后抽吃的手段。

4. 车九平六　将 4 平 5　　　**5.** 帅五进一　车 9 退 1!

6. 帅五退一　炮 8 进 1　　　**7.** 仕四进五　车 9 进 1!

进车伏炮8退6抽车的恶手。

8. 炮五退二　卒6进1　　**9.** 炮五平一　车9退3

10. 车六退二　炮8退4

退炮拦车,伏杀得炮,黑净多双卒,胜局已定,下略。

 第3局　弃炮诱敌　奔马攻杀

如图14－3为漳州邱陵贵对三明邓小健弈完36个回合后的形势。目前红方正集结兵力攻敌左翼,请看实战着法:

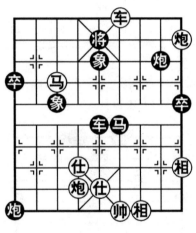

图14－3

着法:红先胜。

37. 马七进八　马6进7　　**38.** 帅四进一　马7退5

39. 帅四退一　马5进4

红算准弃炮无妨且少受黑8路炮骚扰。

40. 马八进六　马4进2　　**41.** 帅四进一　炮1退1

42. 帅四进一　象5退7　　**43.** 马六退四　炮8退1

红马奔腾叫啸,终于跨入敌左翼,形成车马炮三子归边的杀气腾腾的阵形。

44. 马四退三　（以下再马三进二胜）

 第4局　献车拦截　车炮建功

如图14－4,是2000年宜春全国象棋团体赛上海浦东队蒋志梁对哈尔滨队张晓平弈成的中局形势。由中炮过河车对屏风马上士布局演变而成,黑三子归

边,形成攻势。现轮黑方走子:

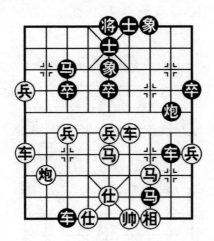

图 14 - 4

着法:黑先胜。

23.…… 　　车 8 进 3　　**24.** 马三退一　车 3 退 2!

马口献车,巧妙! 红如马五退七去车,则炮 8 进 4,绝杀! 马口献车拦炮构思精巧,黑如先走炮 8 进 4,则红炮八平三,炮 8 平 5,帅四进一,虽亦是黑优,但红尚可支撑。

25. 车四平三　车 3 平 2　　**26.** 车三退三　车 2 退 3

27. 马五退七　卒 3 进 1

挺卒活马。策划新一轮的攻势。

28. 马七进五　卒 3 进 1　　**29.** 马五进七　车 2 平 3

30. 马七退六　车 8 退 4　　**31.** 车三进二　车 8 平 6

32. 帅四平五　　**……**

红方十分想走车九平四兑车,但黑有炮 8 平 6 打死车的棋,只有进帅避将。

32.…… 　　炮 8 进 5　　**33.** 相三进五　　**……**

飞中相速败,应改走相三进一,黑若车 3 平 6,则车九平四兑车,仍可继续周旋,不致速败。

33.…… 　　车 3 平 6

红方难解车炮闷杀,认负,黑胜。

 第 5 局　双方对杀　兵贵神速

如图 14 - 5,是 2002 年杭州"西湖杯"全国象棋精英赛湖北柳大华对江苏徐天红由中炮过河车急进中兵对屏风马平炮兑车战至 21 回合时的中局形势。双方对攻,战局形成白热化,现轮黑走棋,且看黑方如何率先做成三子归边杀势的:

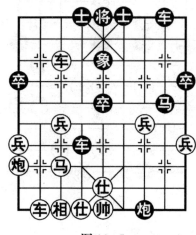

图 14 - 5

着法:黑先胜。

21. ……　　　　　象 5 退 3!

退象佳着! 延缓红方进攻速度,黑方由此进入佳境。

22. 车八进五　炮 7 平 9!

抢时间,争速度,刻不容缓!

23. 车八平五　士 6 进 5　　　**24.** 车五退二　马 8 进 6!

25. 帅五平四　车 4 平 5　　　**26.** 马七进五　车 8 进 9

27. 帅四进一　车 8 退 3　　　**28.** 马五进六　马 6 进 7!

三子归边,形成绝杀! 红方认负。

 第 6 局　锦囊妙计　"魔叔"班师

如图 14 - 6,是 1974 年成都全国象棋个人赛江苏徐乃基对广东杨官璘,以五九炮过河车对屏风马平炮兑车,战至第 21 个回合时的中局形势。黑方面临红炮打车的危急关头,妙手再弃一车构成精彩杀势,黑先,请看实战着法:

着法:黑先胜。

21. ……　　　　　炮 2 平 9!

平边炮舍弃双车,手段巧妙,入局精彩! 已构成"三子归边"杀势。

22. 车八进二　……

红方只好吃车。如改走炮六进三，则炮
9进1，仕四进五，马7进8，仕五退四（如相
五退三，马8退9，仕五退四，马9进7，帅五
进一，炮9退1杀），马8退6，帅五进一，炮7
进2！帅五平四，炮9退1，帅四进一，卒7进
1！炮六平五，将5平4，以下黑方7路卒伏
有双杀，胜定。

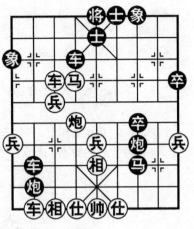

图 14 - 6

22.……　　　炮9进1
23.仕四进五　马7进9！
24.马六进四　……

送马，使左车右调暂解燃眉之急。如改
走帅五平四，则马9进7，帅四进一，马7退
8，黑方速胜。

24.……	车4平6	**25.炮六平五**	士5退4
26.车七平五	士6进5	**27.车五平二**	将5平6
28.仕五进四	马9进7	**29.车二退六**	车6平8！

黑方平车巧妙捉车，胜局已定。红如接走相五退三（如车二平一，则马7退
6杀），则车8进7，黑方先手得车胜定。

是局杨老在中盘实施妙手，巧弃双车构成精彩杀局，实为不可多得之佳构。

第7局 飞马腾空 三子归边

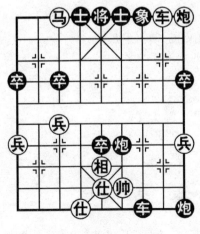

图 14 - 7

如图14-7为大连卜凤波与黑龙江王嘉
良战完第37个回合的局面。请欣赏以下红
用"三子归边"杀法取胜的精彩着法。

着法：红先胜。

38.马七退六	将5进1
39.车二退一	将5进1
40.车二退一	将5退1
41.马六退四	将5平6
42.马四进六	将6平5
43.车二进一	将5进1
44.马六退五	车7退5
45.马五进七	将5平6
46.马七进六	将6平5

47.马六进四　　将5平6

上一段红马上下翻飞，任其驰骋，现集结黑方左翼，已形成三子归边之势。

48.炮一退二　　（黑无解）

第8局　三子联袂　以静制动

1995年全国团体赛上，吕钦与张强的一盘对局十分精彩。图14-8为二人战完76个回合后的形势，请欣赏红方利用"三子归边"战术取胜的精彩着法：

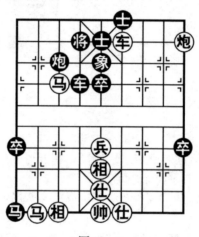

图 14 - 8

着法：红先胜。

77.马七退六　　……

回马，向黑方左翼集结。红用抽将战术相威胁以静制动。

77.……	车4平2	**78.**马六进五	炮3平2
79.马五进三	炮2进7	**80.**仕五退六	车2退3
81.车四平五	将4退1	**82.**车五平四	士6进5
83.炮一进一	将4进1	**84.**车四平五	将4进1
85.车五退一	将4退1	**86.**车五进一	将4进1

87.炮一退二　（红胜）

第9局　进车象眼　马到成功

在1998年全国象棋个人赛上，阎文清最后一局如下和棋就能"蟾宫折桂"。但是局阎文清后手遭遇"百战沙场功显赫"的"少年姜太公"，于是功亏一篑，屈

居亚军。下面请看执红的许银川取胜招法。如图 14 - 9:

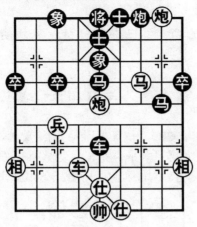

图 14 - 9

着法:红先胜。

1. 车六进六 士5进4   2. 马三进五 车5退2
3. 马五进三 马5退6   4. 车六平四 将5平4
5. 车四进一 将4进1   6. 车四平三 (红胜)

红形成三子归边,黑已无法防守。

 ## 第 **10** 局 飞象阻击 赤兔追风

如图 14 - 10 为宇兵对周晓平弈成的残局形势,观枰面,红方左翼空虚,下面请看黑方如何利用红方弱点,抓住机遇,迅速入局。

着法:红先黑胜。

1. 兵三进一 象5进3
彻底切断红车征援左翼的通道。

2. 马三进四 马1进2
继续向红方左翼集结,又增一支强大的骑兵。红方已陷入里无粮草、外无救兵的绝境了。以下红炮八进五,马2进1,炮八退四,车4进4,帅五进一,车4退1,帅五退一,马1进2,三子归边,黑胜。

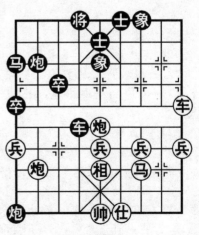

图 14 - 10

125

第十五章 三车闹士杀法的妙用

第1局 三车闹士 黑"鬼"见愁

如图 15-1,选材于 2006 年"虚无缥缈"的网络象棋,由"唯我横刀"对"永不瞑目",以中炮急进中兵对屏风马平炮兑车演变至第 25 回合的实战中局。红方趁先行之机,着法犀利精警,妙用三车闹士杀法,破城擒王,请看以下对局过程:

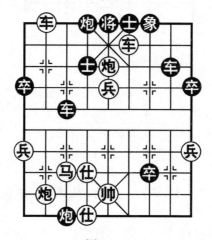

图 15-1

着法:红先胜。

26. 车八退一! 车 8 平 5

红方退车催杀,着法有力! 黑方被迫弃车砍炮。如改走车 3 退 3,则红车八平七,炮 3 退 8,车四平七,象 7 进 5,炮八进八,象 5 退 3,车七进一,黑方亦败定。

27. 兵五进一 车 3 进 3 28. 车八平六! 车 3 进 1

29. 帅五进一 炮 4 平 2

拦炮解杀,如误走车 3 平 2 吃炮,则红车六退一后,伏兵五进一绝杀。

30. 车六平八 ……

红方如改走车六退一吃士贪杀,则黑炮 2 进 7,仕六退五,车 3 退 1,车六退五,炮 2 平 4,仕五进六,车 3 退 1,黑方转危为安,足可一战。

30. …… 炮 2 平 4 31. 车八退四 车 3 平 4

32. 车八平七 ……

捉炮解杀选择正确,如误走车八平五要杀,黑则炮 3 退 2,仕六退五,车 4 退 1 杀,黑胜。

32. …… 车 4 退 1　　**33.** 帅五退一 车 4 进 1

34. 帅五进一 车 4 平 2　　**35.** 车七进五! ……

暗伏砍炮杀机,促进"三车闹士"!

35. …… 炮 3 退 8　　**36.** 车四平六 士 4 退 5

37. 车六平五! 士 6 进 5　　**38.** 兵五进一 将 5 平 6

39. 车七平六 （红胜）

第 2 局　花心采蜜　三车闹士

如图 15-2,是 1984 年第 4 届"五羊杯"全国象棋冠军个人赛上海胡荣华对河北李来群弈成的中残局形势。枰面上黑双车正夺红炮且多一卒渡河,物质上占有优势;形势上红双车炮兵形成左右夹击之势,且看红方"三车闹士"的精彩表演:

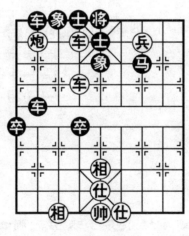

图 15-2

着法:红先胜。

1. 炮八平五! ……

弃炮轰士,花心采蜜着法凶悍,为"三车闹士"埋下伏笔!

1. …… 士 4 进 5　　**2.** 兵三平四! 象 3 进 1

红兵入宫乃弃炮后的连续动作;黑飞边象为防红兵四平五后的"臣压君"杀着。

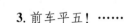

3. 前车平五！……

弃车杀士精妙入局！令黑方防不胜防。

3. ……　　　马7退5　　4. 车六平二！

以下黑将5平4，则兵四平五！绝杀，红胜。

 第3局　弃马冲兵　闹士则赢

如图15-3，是1983年8月24日兰州"敦煌杯"全国象棋大师邀请赛湖北柳大华对河北李来群，由顺炮横车对直车开局弈至第34回合时的中局盘面。现轮黑方走棋：

着法：黑先红胜。

34. ……　　　车8平3

35. 车一平五　马5进3

36. 兵五进一！……

冲兵弃马，紧凑的好手！

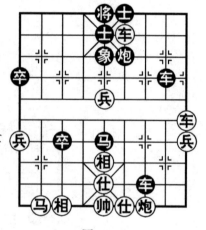

36. ……　　　象5退3

37. 马八进七　炮6平2

如改走卒3进1去马，则车四退一！仕5进6，兵五平六抽车，红方多子胜定。

38. 马七退六　卒3进1

39. 兵五平六！……

趁势欺车！向三车闹士杀法靠拢。

39. ……　　　车3进3

图15-3

40. 兵六进一　卒3进1

41. 兵六进一

成三车闹士的典型状，红胜。

 第4局　弃子吸引　闹士就行

如图15-4，是1983年昆明全国象棋个人赛黑龙江王嘉良对河南郑鑫海的实战对局。现轮红方走棋，特级大师王嘉良采用弃车吸引战术、"三车闹士"杀法，精妙取胜，请看实战：

着法：红先胜。

1. 车三平四！……

车砍底士，入局佳着！

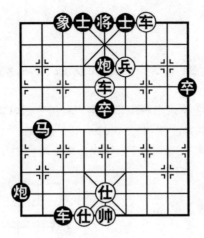

图 15 - 4

1. ……   将 5 平 6

如改走将 5 进 1,则红车四退一,将 5 退 1,兵四平五,形成"三车闹士"的基本形态,红方胜定。

2. 车五平一!

绝杀!红胜。以下黑如走炮 5 退 2,则红车一进二,或帅五平四,黑均无解着而失败。

 ## 第 5 局   三车逼宫   杀士吸引

如图 15 - 5,是 1982 年全国象棋个人赛黑龙江王嘉良对江苏徐健秒弈成的中残局。红方利用先行之机,连用吸引战术和三车闹士杀法,妙手入局。

着法:红先胜。

1. 车七进二   士 5 退 4

2. 车七平六! ……

弃车杀士,引出黑将,乃迅速入局之妙手!

2. ……   将 5 平 4

3. 车八进七   将 4 进 1

4. 兵六进一   将 4 平 5

5. 车八退一   将 5 退 1

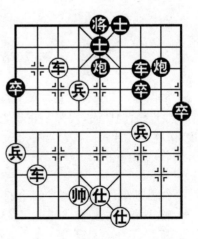

图 15 - 5

6. 兵六进一　炮8进6　　**7.** 帅六进一

红胜,黑无解着!

第 **6** 局　突破防线　入局关键

如图15－6,是1982年北京象棋集训赛广东杨官璘对黑龙江王嘉良的实战中局。双方呈对攻状态;红方仕相凋零,老帅不安于位,显然不易久战,现轮红走棋,且看红方痛下杀手,上演"三车闹士"的好戏。接图对弈为序,实战着法如下:

着法:红先胜。

1. 车六进五!……

弃车砍士是突破黑方担子炮防线的前奏,入局妙手!

1. ……　　　士5退4

2. 兵四进一!　象5退7

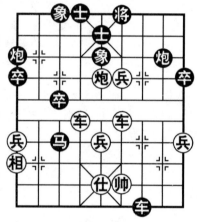

图 15－6

兵进九宫,突破防线,好棋!黑落象解杀只此一手。

3. 兵四进一　……

忌走兵四平五,否则黑炮8平6,将多费周折。

3. ……　　　将6平5

4. 车四进三　马3退4

5. 车四平五　士4进5

6. 兵四平五　(红胜)

第 **7** 局　弃马强攻　三英破寨

如图15－7为天津袁洪梁对煤矿景学义于1994年10月在湖南郴州弈完第31个回合后的枰面,现黑卒正捉红马,而红方置马的安危于不顾,毅然进兵强攻,请欣赏红方入局精彩着法:

着法:红先胜。

32. 兵六进一　炮2退1　　**33.** 车九进八　　……

红方进车,已构成三车闹士的杀局。

33. ……　　　车8退4　　**34.** 兵六进一　将5平4

35. 车五平八　车2平1　　**36.** 车九进一　象7进5

37. 车八平六　将4平5　　**38.** 车六进三　(红胜)

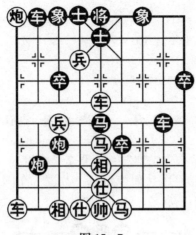

图 15－7

 第8局　用兵如神　三车闹宫

如图 15－8 是张申宏大师的一则实战中局。是局，张大师执黑。观枰面，黑方已具备"三车闹仕"进攻的基本条件。以下请欣赏张大师以三车闹仕取胜的精彩着法：

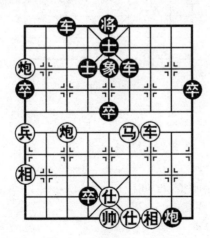

图 15－8

着法：红先黑胜。

| 1. 车三平二 | 车3平2 | 2. 车二退四 | 车2进9 |
| 3. 炮七退四 | 车6进3 | 4. 炮九平五 | 将5平6 |

5. 车二进六 车6平1 **6.** 仕五退六 车1进2

7. 车二进三 将6进1 **8.** 炮七进八 士5进6

9. 车二退一 将6退1 **10.** 仕四进五 车1平7

11. 车二退八 车7进1

至此形成"三车闹士"的典型杀势,黑胜。

 第9局 争先扩势 用兵如神

在合肥举行的"九省市友谊赛"中,湖北李义庭对辽宁姜林坤的一盘对局煞是精彩。李特大抢先取势,用兵如神,最后构成"三车闹士"的胜局。图 15－9 为双方弈完 23 个回合后的局势。

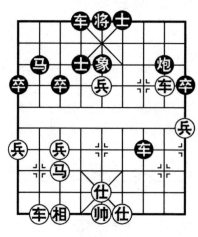

图 15－9

着法:红先胜。

24. 车二进一 马2进3 **25.** 兵七进一 马3进5

26. 兵五进一 车7平3 **27.** 车二退五 士4退5

28. 车八进五 ……

征援前方,为"三车闹士"行动上了一个新台阶。

28. …… 卒3进1 **29.** 车八进二 车4进1

30. 兵五进一 (红胜)

 第10局 下定决心 不怕牺牲

在 2005 年象甲联赛中,尚威与才溢在四川弈成如图 15－10 形势。目前红

方已制定出"三车闹士"攻杀计划,现轮红方
走子:

　　着法:红先胜。

　　45. 兵四进一　……

红冲兵不怕送进士口,黑如吃兵则车三
进六破士,以后将有双车胁仕杀着。

　　45.　……　　　士5退6

　　46. 兵四进一　……

下定决心,按既定方针办。

　　46.　……　　　士4进5

　　47. 车二平七　车5平4

　　48. 车七进五　士5退4

　　49. 车三进六

三车闹士黑无解。

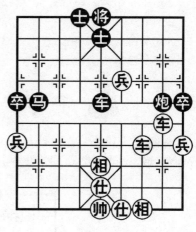

图 15 - 10

 第 11 局　兵闯九宫　济济一堂

　　图 15 - 11 为深圳曹岩磊对深圳左义林,于 2005 年在深圳棋院战完 25 个回合后的形势。观枰面,黑虽有空头炮攻势,但一时对红尚构不成威胁。而红兵已闯入黑九宫,三车闹士局面已呈,且看红方凭借先行之利,以"三车闹士"取胜的精彩着法:

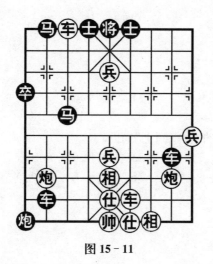

图 15 - 11

着法:红先胜。

26. 帅五平六　　马 3 进 4　　　**27.** 车七平八　　车 8 进 1

28. 车八平六　　将 5 平 4　　　**29.** 车四进八　　将 4 进 1

30. 车四退一　　将 4 退 1　　　**31.** 前兵进一　　车 8 退 7

32. 车四退二　　（红胜）

 第 12 局　　舍炮留兵　　去伪存真

　　如图 15－12 为广东吕钦对云南黎德志弈完第 19 个回合后的中局形势。观枰面：红炮、兵同时被捉，现轮红方走子，请看红方如何取舍：

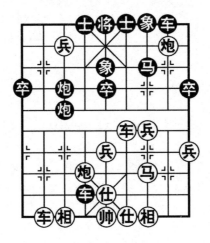

图 15－12

　　着法：红先胜。

20. 兵七平六　　……

毅然选择弃炮留兵！

20. ……　　　　车 8 进 1　　　**21.** 车四平六　　士 6 进 5

22. 车八进九　　……

红方已形成凶狠的"三车闹士"局面。

22. ……　　　　将 5 平 6　　　**23.** 兵六平五　　车 8 平 5

24. 车六进五　　将 6 进 1　　　**25.** 车六平三　　（红胜）

第十六章　重炮杀法的妙用

第1局　战马啸啸　炮声隆隆

如图 16-1,这是 1998 年全国象棋团体赛中的一盘实战残局。枰面上红方虽多三兵但子力位置特差,况右翼空虚;黑方双炮马猛攻红方空门,形成三子归边。且看黑方先行,步步将军或催杀,一气呵成重炮杀势。

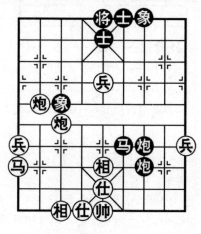

图 16-1

着法:黑先胜。

1. ……　　　马 6 进 7　　2. 帅五平四　　后炮平 6

3. 帅四进一　炮 7 退 2　　4. 仕五进六　……

扬仕解杀迫于无奈。如改走炮七平四,则黑马 7 退 8,黑方得炮胜。

4. ……　　　炮 7 平 6　　5. 帅四平五　前炮平 8!

6. 帅五平六　炮 6 平 4　　7. 仕六退五　……

如帅六平五,炮 8 进 2,马后炮杀。

7. ……　　　炮 8 平 4　　(重炮杀,黑胜)

第2局　全盘开花　重炮结果

如图 16-2,是 1995 年 11 月吴县全国象棋个人赛上海万春林对四川李艾东,由"中炮七路马对屏风马双炮过河"演变而成的实战中局,双方共弈 16 手棋。现轮红走,红方如何利用黑阵弱点进行攻击并巧妙构成重炮绝杀呢? 请看实战:

着法:红先胜。

17. 马七进五! ……

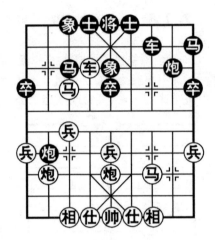

图 16 - 2

马踏中象凶悍无比! 乃破门而入之佳着。

17. ……　　　　车 7 进 1

如改走飞马或打车皆为不宜,试举一例:如炮 8 平 4,则马五进三,将 5 进 1,马三退四,炮 4 平 6,兵七进一,红方胜势;又如象 3 进 5,则车六平五,马 3 退 5,车五平二,黑方亦是败势。

18. 炮五进四　　士 6 进 5　　　**19.** 马五进三　　将 5 平 6

20. 炮八平四!

以下:车 7 退 1,车六平四,车 7 平 6,车四进一,将 6 进 1,炮五平四,重炮杀,红胜。

第 3 局　　双炮镇中　　马踏正宫

如图 16 - 3,是 2000 年 8 月大连金石滩"枫叶杯"全国青少年象棋锦标赛第 12 轮北京李荣对安徽梅娜,由中炮过河车高左炮对屏风马左马盘河,弈至 17 回合时的中局形势。现轮红方走棋,且看两位女子少年棋手的实战过程:

着法:红先黑胜。

18. 车四进二　　车 8 平 7!

妙手护炮,争抢先手,佳着!

19. 相三进一　车 1 进 1

20. 炮五进四　马 3 进 5!

弃车换马、炮,抢速争势,入局好手!

21. 车四平九　士 6 进 5

22. 车九退二　……

应改走马六进五,则黑炮 7 平 1,前马进三,车 7 退 6,相七进五,和势较浓。

22. ……　马 5 进 4

23. 后车进二　车 7 平 6

24. 后车平二　将 5 平 6

25. 车二退二　……

由于红方错失弈和机会,现频频招架,形势已不容乐观。

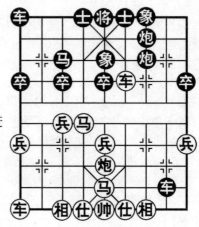

图 16 - 3

25. ……　象 5 进 3!

飞象河口,绝妙之着!既拦死红方左车右移增援之线路,又为架中炮猛攻腾出位置,棋感敏锐,一箭双雕。

26. 兵五进一　炮 7 平 5　　**27.** 车九平八　炮 7 进 2!

28. 车八退二　炮 7 平 5!　　**29.** 相一进三　后炮进 3

30. 相三退五　马 4 进 5!

以下红方只能相七进五,则后炮进 4,重炮杀,黑胜。

第 4 局　偷袭敌营　"重炮"劫寨

如图 16 - 4,是 1991 年"合作银行杯"南北超级棋星对抗赛广东吕钦对黑龙江赵国荣的实战中局。枰面黑方兵种齐全、多卒占优,局面大好;但红方耐心等待,采取防守反击战术,利用"重炮"偷袭,终于反败为胜。着法如下:

着法:红先胜。

1. 车一进七!　……

这手进车次底线,给大兵压境的黑方设下很不起眼的伏兵,颇能麻痹对手,是等待时机防守反击的妙着!

1. ……　卒 5 进 1　　**2.** 相三进五　车 2 平 6?

黑车平肋道抢杀,误以为绝杀红方于无改,其实正中红方圈套。

黑方正确的着法应走车 2 平 7 去兵并伏"侧面虎"杀,即车 8 平 6,帅五平四,车 7 进 3,帅四进一,马 8 进 7,帅四进一,车 7 退 2,帅四退一,车 7 进 1,帅四进一,车7平6,黑胜。

若黑车2平7去兵,红如同以下实战走炮六进九,则将5平4,车二平六,将4平5,帅五平六,车7平4(献车照将),车六退三,车8退3,车一退八,车8平4,帅六平五,抽还一车,黑将以车马双卒士象全先手对红车炮单缺相的绝对优势步入残局,亦成必胜局面。

3. 炮六进九! 象5退3

红方冷不防沉炮将军,为黑方始料不及,是偷袭黑营、解杀还杀的绝妙佳着!

黑方如不落象而改走将5平4吃

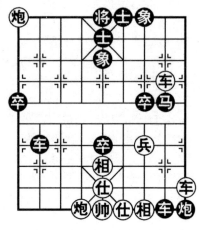

图 16 - 4

炮,则红车二平六,将4平5,帅五平六!(此时红若无三路兵阻隔,仍可献车抽车,确立胜势),士5进4,车六进一,绝杀,黑无解着。

4. 炮六退一! 象3进1

红方退炮巧塞象眼,准备左移实施"重炮"的杀手锏!

黑方若不飞边象而改走士5退4,则红车二平五,士6进5,车一平五(可见红方首着的妙用),将5平6,前车进一,将6进1,后车进二,将6进1,前车平四,成双车胁士杀。

5. 车一退八! ……

时机成熟,退车啃炮,黑方的杀着荡然无存!

5. …… 车8平9 **6.** 炮六平八

"重炮"绝杀,红方偷营劫寨成功!

 第5局 弃车轰兵 重炮绝杀

如图16-5,是1993年全国象棋个人赛辽宁尚威对广州汤卓光的实战中局。枰面红马正双捉黑方车炮,轮黑走棋,黑却弃车,炮轰中兵,以下步步追杀,紧凑入局,请看实战着法:

着法:黑先胜。

1. …… 炮5进3!

炮轰中兵而弃车,感觉红方难以防守,是快速入局之佳着!

2. 马九退七 卒3进1 **3.** 帅五平四 马5进6

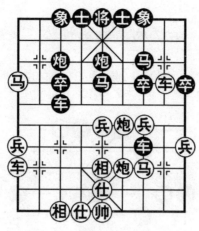

图 16－5

4. 马三退一 车 7 平 9 　　**5.** 车二退五 马 6 进 7

6. 车二平三 车 9 进 2！

黑方弃车后，步步追杀，红方节节败退，难以招架。现黑车砍马，红只有车三进一，则黑车 9 平 6！帅四进一（若帅四平五，则炮 3 进 7 闷宫！），炮 3 平 6，炮四进七，炮 5 平 6，重炮杀，黑胜。

 第6局 顾此失彼 望炮兴叹

如图 16－6 系 1999 年全国象棋个人赛，特级大师陶汉明与四川李艾东战至第 75 个回合时的场面。目前轮黑方行棋。面对红一路炮平五的杀着黑只能退炮拦截。但红方步履轻盈，指东打西，终使黑方顾此失彼，望"炮"兴叹，请看实战着法：

着法：黑先红胜。

75. ······　　炮 8 退 3

76. 炮五进三　　马 1 进 3

77. 炮一退二　　炮 8 退 1

如炮 8 进 2，则炮五平三，黑也无法拦截红炮，红可从底线以重炮杀。

78. 炮一平四

至此红胜，黑如续走马 3 进 5，则炮四进三黑无解。

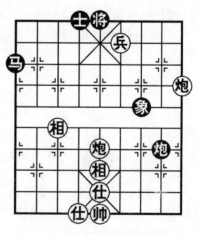

图 16－6

第7局 两翼包抄 克敌制胜

如图 16-7 为广东吕钦对河北刘殿中于 1994 年在湖南郴州弈完 24 个回合的枰面。现轮红方行棋。

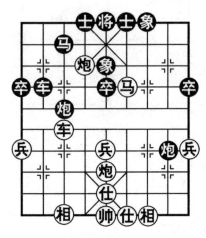

图 16-7

着法:红先胜。

25. 炮六进一	炮8退5	**26.** 马四进三	将5进1
27. 炮六退六	炮8进1	**28.** 兵五进一	车2平3
29. 车七退一	马3进1	**30.** 车七平二	炮8平7
31. 车二进四	炮7进4	**32.** 马三退二	……

红方退马伏挂角马杀着,黑只能出将,但出将后即陷入红方两翼包抄的绝境。

32. ……	将5平4	**33.** 车二进一	士4进5

34. 炮五进一

重炮杀,黑无解。

第8局 车炮联袂 抢杀在前

如图 16-8 为吕钦与吴贵临弈完 39 个回合时的形势。观枰面,红方多一炮,但黑有抽将之势,红方要想取胜尚需多加小心。

着法:红先胜。

40. 车五平八	象5进7	**41.** 炮二进一	士5退4

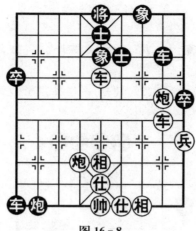

图 16 - 8

42. 炮六进六　车 8 退 1

红进炮伏平九路攻车，黑退车必然。

43. 车二平五　象 7 退 5　　**44.** 炮六退一　车 8 平 3

45. 炮二进三　象 7 进 9　　**46.** 车五进三　士 6 退 5

47. 炮六平一（红胜）

以下重炮杀。

 第 9 局　弃车轰卒　平地惊雷

如图 16 - 9 为"红颜杀手"张国凤与广东文静弈完 22 个回合后的局势。枰面上，黑炮正捉红车，现轮红方走子，请欣赏以下"红颜杀手"如何抛出弃车抢攻的杀手锏。

着法：红先胜。

23. 炮八平五　车 3 进 3

红方弃车平地惊雷，表现出巾帼英雄泼辣的棋艺风格。

24. 车七平八　车 3 平 2

25. 马六进八　炮 4 平 6

26. 马八进七　将 5 平 4

27. 车八进八　将 4 进 1

28. 后炮平六　马 8 进 6

29. 马七退六　马 6 退 4

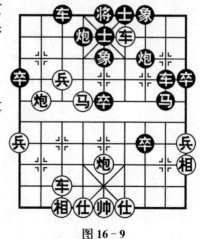

图 16 - 9

30. 马六进八　马4退3　　**31.** 炮五平六　（红胜）

 第10局　大刀剜心　势不可挡

如图 16－10 为火车头宋国强与四川谢卓淼弈完第 33 个回合后的残局，红方利用双炮入局，请看实战着法：

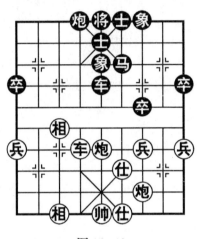

图 16－10

着法：红先胜。

34. 炮三平五　车五平六

红方在酝酿重炮攻杀。

35. 车六进四　车6进3　　**36.** 车六平五　炮4进1

37. 车五进一　将5平4

红大刀剜心，重炮威力势不可挡。

38. 后炮平六

以下若是马6进4，则车五平六，将4平5，炮六平五，重炮杀。

第十七章　大胆穿心杀法的妙用

第1局　大刀剜心　精妙杀王

如图 17-1，选材于第 5 届"嘉周杯"黑龙江赵国荣对浙江于幼华，是由中炮过河车急进中兵对屏风马平炮兑车，弈至第 14 回合时的盘面。是求稳吃卒，还是积极进取？请看"东北虎"妙用大胆穿心杀法的上佳表演：

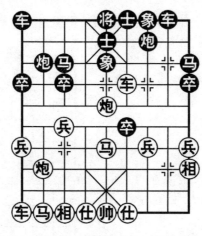

图 17-1

着法：红先胜。

15. 炮八平四！……

平炮叫杀！顺势开通左翼大子，着法积极。

15. ……　　　炮 2 退 2　　**16.** 马八进七　卒 6 平 5

17. 马五进三　车 8 进 4　　**18.** 车九平八　炮 2 平 4

19. 炮四进三　……

打车细腻，确立中炮的"统治"地位。

19. ……　　　车 8 进 3　　**20.** 马三进二　炮 4 进 2

红方弃左马进右马，着法刚劲有力；黑方无奈扑炮而不敢吃马，因红有炮四平三的恶手。

21. 炮四进四　……

炮轰底士，吹响总攻号角。

21. ⋯⋯　　　　车 1 进 2　　**22.** 炮四退二　⋯⋯

逼兑黑炮,手法强硬,有效削弱黑方防守力量。

22. ⋯⋯　　　　炮 4 平 6　　**23.** 马二进四　炮 7 平 6

24. 马四退二　车 8 平 3　　**25.** 车四进二　车 3 平 4

26. 车四平五(红胜)

大胆穿心,致命一击。黑若走马 3 退 5,则车八进九,车 4 退 7,马二进四,将 5 平 6,炮五平四马后炮杀;又若不走马 3 退 5 吃车而走将 5 平 4,红则车五进一,将 4 进 1,车八进八,将 4 进 1,车五退一绝杀,亦红胜。

　第 2 局　运车驱马　穿心胆大

如图 17 - 2,是 1973 年 6 月温州中国象棋邀请赛中的实战对局。观枰:黑方多子,红有攻势,眼下黑方正收缩双车、双炮密集防守,且双炮筑成“担子炮”在次底线联防;红方深知夜长梦多,如何一鼓作气、强攻入局?请欣赏上海徐天利与温州周健雄的实战着法:

着法:红先胜。

1. 车二进五　马 5 进 4

红方进车驱马,揭开大胆穿心杀法的序幕;黑方逃马疏漏失察,正中红方下怀。

2. 车二进二　马 4 退 6

红方虎口夺炮是赶走黑方中路马后的理想手段;黑方退马兑换,错上加错。如改走士 5 进 6,尚可支撑一阵。

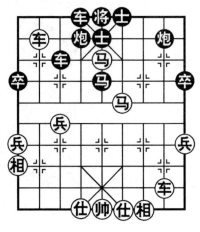

图 17 - 2

3. 马五进三　炮 4 平 7　　**4.** 车八平五　士 6 进 5

5. 车二进一　(红胜)

红方连续弃马、弃车,利用红帅的助攻,形成了大胆穿心的绝妙杀势。

　第 3 局　马踏中象　一着制胜

如图 17 - 3,是 1988 年扬州“棋星赛”上海胡荣华对江苏徐天红的实战中局。现在轮到红方走棋,面对黑方挂角马的杀势,胡特大采取解杀还杀战术,利用大胆穿心杀法,一步杀黑。

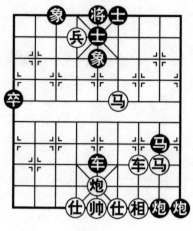

图 17 - 3

着法:红先胜。

1. 马四进五!

绝杀,黑方无解着,红胜。

以下如黑车 5 退 5,则红兵六平五,士 6 进 5(如将 5 平 4,车三平六杀,红胜),车三进七杀。又如黑改走马 8 进 6,则红车三平四,车 5 平 6(如车 5 退 5,则车四平六,铁门栓杀,红胜),马五进三,双将杀,红胜。

 # 第 4 局　随手行棋　酿成大祸

如图 17 - 4,是 1980 年全国象棋团体赛上海林宏敏对辽宁韩福德弈成的残局。枰面出现红双车仕相全对黑单车士象全的例和形势,但黑方却随手走棋,终酿大祸。且看实战:

着法:黑先红胜。

1. ……　　　　　车 2 平 7?

平车一步错,惜输满盘棋。应改走车 2 平 9,红如接走车四进二塞象眼,则车 9 退 2 兑车,车二进二,车 9 平 6,借叫将逼兑红车,即成一车例和士象全的实用残局。

2. 车四进二!　象 5 进 3　　3. 车二平七!　车 7 平 8

4. 车七平三　　车 8 退 4　　5. 仕五进六!　……

自红车卡象腰切断双象联系后,采用声东击西术,先吊住河口黑象,又迫黑车底线保象。现扬仕露帅助攻,黑已无法防御。

5. ……　　　　　车 8 平 9　　6. 相五进三!

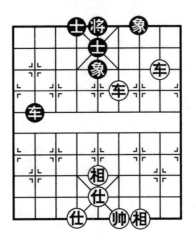

图 17 - 4

以下黑只有车 9 平 8,则帅四平五,车 8 平 9,车三平七! 车 9 进 4,车四平五(大胆穿心)! 士 4 进 5,车七进二,红胜。

 第 5 局　冷箭射士　九宫斩帅

如图 17 - 5,是 1994 年第 4 届"百花杯"象棋王挑战赛广东吕钦对河北李来群之战的中局形势。轮至走棋的黑方进车疾点对方下二路。一味求胜的吕特大却未提防黑冷箭穿心,遂遭败北,请看实战着法:

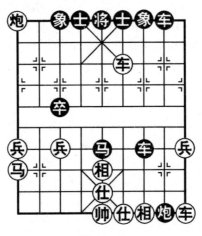

图 17 - 5

着法:黑先胜。

1. ……　　　　　车8进8!

黑车疾进点穴下二路,暗伏杀机,含蓄、有力之佳着!

2. 车四平六　士6进5　　**3.** 车六平七　……

贪攻失算的速败之着。应改走车一平二啃炮,虽处劣势,尚可顽抗坚持,胜负道路漫长。

3. ……　　　　车8平5!　　**4.** 帅五进一　马5进7

5. 帅五退一　车7平6　（黑胜）

"大胆穿心"转为"钓鱼马"杀。

第6局　连珠炮响　摧枯拉朽

如图17－6,是1973年12月5日上海象棋队应邀到镇江表演时,由胡荣华对戴荣光的一盘对局。双方以中炮对列手炮布阵战至16回合时的形势。请欣赏红方仅用4手棋所构成的大胆穿心杀。

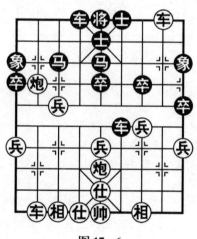

图 17－6

着法:红先胜。

17. 兵七进一　马5进3　　**18.** 炮八平五　后马进5

19. 炮五进四!　……

连珠炮猛攻黑方空虚的中路,红方形成摧枯拉朽之势,锐不可当!

20. ……　　　　马3退5　　**21.** 车八进八!（红胜）

以下黑如接走车6退4保中心士,则红车八平五照样穿心,车6平5,帅五平四助阵,黑要解杀,需丢双车,亦输定。

第7局　中路设伏　大刀剜心

如图17-7为"98中国沈阳—亚洲体育节"商业城杯亚洲象棋冠军赛第七轮,中国金松对越南陈廷水弈完第19个回合的中局形势。且看金松在实战中的精彩表演。

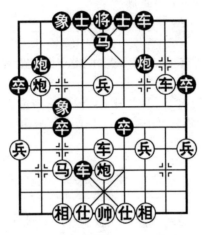

图17-7

着法:红先胜。

20. 炮八平七	卒3平4	21. 车五平八	炮2平4
22. 仕四进五	车4进1	23. 车八进二	卒4平5
24. 车八平七	炮7进7	25. 兵五进一	车7进6
26. 车七平五	炮7平9		

红方已制定出"大刀剜心"的攻击计划,此时黑方可能尚未察觉。

| 27. 兵五进一 | 士4进5 | 28. 车五进三 | (穿心杀胜) |

 第8局　佯攻底象　弃车作杀

如图17-8为沈阳孟立国与杭州刘忆慈战完27个回合后的局面,如图所示,双方子力大致相当,但红藩篱被毁,形势吃紧,岂料此时红突施妙手,一举攻破敌营,请欣赏以下红入局之妙手:

着法:红先胜。

28. 相一进三　象7进9

红方设计佯攻底象作杀,黑只能逃象。

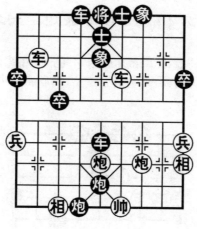

图 17 - 8

29. 车四进三

惊天霹雳,一刹那,黑方陷于万劫不复的毁灭境地。

以下黑只能士 5 退 6,车八平五,士 6 进 5,车五进一,大刀剜心,红胜。

第 9 局　一献再献　妙计连环

在 2005 年浙江省"三环杯"象棋公开赛上,农协棋王遭遇特级大师王斌。此役王斌执黑,现轮黑方走子,请欣赏在如图 17 - 9 形势下王特大利用先行之利以"穿心杀"杀法取胜的精彩着法。

着法:黑先胜。

1. ……　　　车 8 进 9

虎口献车,精妙绝伦!

2. 车一平六　后炮进 5

马口献炮,一献再献!

3. 马三进五　车 4 平 5

4. 帅五平六　车 5 进 1

5. 帅六进一　车 8 退 1

6. 马五退四　车 8 平 6

7. 帅六进一　车 5 平 4

8. 帅六平五　车 4 平 6

红棋已无防守能力,黑胜。

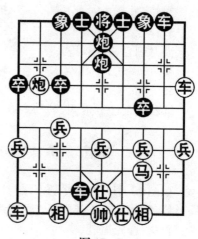

图 17 - 9

第 **10** 局　以车砍炮　大刀穿心

在 2004 年象甲联赛上,沈阳苗永鹏与河北张江在沈阳对弈,图 17－10 为双方战至第 28 个回合时的局面,现轮黑方走子,请欣赏黑方以大刀剜心之术取胜的妙手。

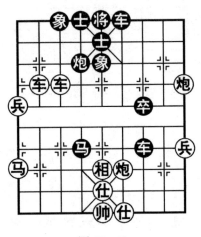

图 17－10

着法:黑先胜。

28.……　　车 6 进 7

以车砍炮,如雷轰顶!

29. 车七平二　车 6 平 5　　**30.** 车二进三　士 5 退 6

31. 车八平四　象 5 退 7　　**32.** 炮一进三　车 5 进 1

大刀剜心,妙不可言。

33. 仕四进五　车 7 进 3　　**34.** 车四退六　马 4 进 6

35. 帅五平六　车 7 平 6

红若接走仕五退四,则马 6 退 4,黑胜。

第 **11** 局　将军脱袍　正面出击

如图 17－11 为湖北刘宗泽与广东吕钦于 2004 年 9 月在顺德黄连弈成的中局形势,请欣赏以下黑方以"大刀剜心"杀法取胜的实战着法:

着法:红先黑胜。

29. 车六进一　马 5 进 3　　**30.** 车六退一　炮 8 进 4

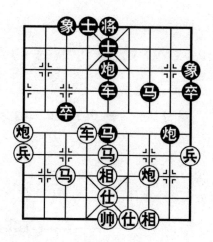

图 17 - 11

31. 相五进三　炮 5 进 4　　**32.** 马七进五　车 5 进 3

33. 炮三进四　士 5 进 4

黑方将军脱炮,打造"大刀剜心"杀势。此时红无法阻挡黑车 5 进 2 杀士,如续走车六平八,则车 5 进 2,帅五平六,车 5 进 1,黑胜。

第十八章　钓鱼马杀法的妙用

 第1局　钓鱼马妙　打双车巧

如图18-1,是1987年第6届全国运动会象棋团体预赛北京臧如意对浙江于幼华,由五七炮进三兵对屏风马进3卒,弈至第11回合时的盘面:请欣赏黑方妙用钓鱼马,迫使红方仅4个半回合认负的实战过程。

着法:黑先胜。

11.……　　　马1进3！

乘机跳钓鱼马,伏马3退5,咬中兵捉双之着。

12.炮六退三　车1平4！

红退炮打马随手;黑平车捉炮妙着！依仗钓鱼马的杀势,红六路炮进退维谷,很难招架！

13.相三进五　炮4进5

14.车八平六　卒1进1

15.车二进六　……

进车卒林坠入陷阱,应改走车六进一,尚无大碍。

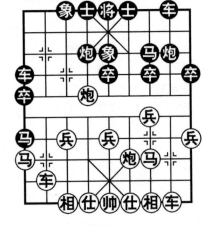

图18-1

15.……　　　炮4平6！

再得一子,伏兑车后,退炮打双车,红方认负。

 第2局　策马"钓鱼"　夹攻制胜

如图18-2,是1988年4月孝感全国象棋团体赛女子组第9轮由江苏黄薇对安徽孙丽,以顺炮直车对横车开局弈至第12回合时的中局形势。请看红方策动钓鱼马作杀后,形成三面围剿"将府"的精彩场面:

着法:红先胜。

13.马五进七！士6进5　　14.车二平六！马1退3

红方平车再做钓鱼马杀势,乃入局妙手！黑方退马解杀艰难应对。

15.前车进四　车1平2　　16.前车平七　车2进7

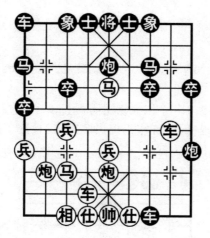

图 18 - 2

17. 车七进一　将 5 平 6　　**18.** 车六平四　将 6 平 5

如改炮 5 平 6,则车七平六! 黑若士 5 退 4,车四进六杀;又若将 6 进 1,马七退五杀。

19. 车四进七!

"钓鱼马"杀,红胜。

第3局　献钓鱼马　造绝妙杀

如图 18 - 3,是 1991 年无锡全国象棋团体锦标赛第 8 轮由邮电系统许波对湖南肖革联,以中炮进三兵对左炮封车转半途列炮,战至第 17 回合的中局形势。红方如何利用钓鱼马虎口照将作杀制胜? 请看实战。

着法:红先胜。

18. 兵三平四　士 4 进 5

19. 炮五平二!……

平炮叫杀! 迅速入局的好手,黑将已危在旦夕。

19. ……　　　将 5 平 4

20. 车七平八　马 3 退 1

如改走马 4 进 5,则车八进七! 绝杀,红胜。

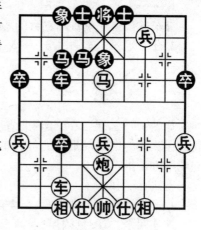

图 18 - 3

21. 马五进七!

精妙至极,绝杀红胜。以下,黑方如走马 1 进 3,红则车炮连杀。

第 **4** 局　弃车赢狠　钓鱼马凶

如图 18－4 是在 1978 年全国象棋团体赛上,广西梁炳忠对福建郭福人在厦门战成的残局形势。现枰面,红相正捉黑 7 路车,且红车同时在捉黑象。现轮黑方走子,且看黑方如何应对:

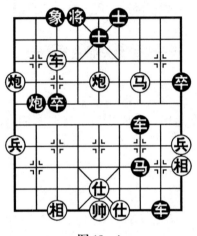

图 18－4

着法:黑先胜。

1. ······　　　车 8 平 6!

弃车砍仕! 依仕雄踞钓台的恶马弈出此着可持续发展的入局妙手。

2. 仕五退四　车 7 平 5　　**3.** 仕四进五　车 5 进 3　　(黑胜)

第 **5** 局　马不踩车　硬"钓鱼"胜

如图 18－5,是 1977 年河北省邯郸四省市象棋邀请赛东道主李来群对安徽蒋志梁弈成的中残局形势。红方的犀利攻杀,精妙的着法,令人拍案叫绝。现在轮红方走棋:

着法:红先胜。

1. 车五退三　车 2 退 8　　**2.** 车五平四!······

连连叫杀,紧凑且凶悍!

2. ······　　　象 3 进 5　　**3.** 兵六平五　车 4 平 8

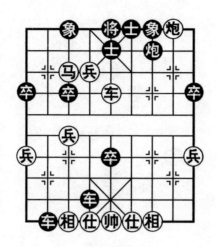

图 18－5

企图一车换双,以减缓压力。

4. 兵五进一　车 2 平 5　　**5.** 相七进五!　……

马不踩车,飞相应将、弃炮伏杀,着法妙极!

5. ……　　　　　车 8 退 8　　**6.** 车四平八! 车 5 进 6

7. 相三进五　炮 7 平 5　　**8.** 仕六进五

黑方眼见"钓鱼马"绝杀无改,最后两着棋仅仅是聊以自娱而已,红胜。

第 6 局　老兵不老　回马金枪

如图 18－6 为 1981 年全国象棋联赛上,广东吕钦与黑龙江赵国荣对弈 42 个回合后的枰面。现轮红方行棋。

着法:红先胜。

43. 兵三平四　……

此时吕钦置黑欲马踏中象叫杀于不顾,毅然走出兵三平四,可谓运筹帷幄,决胜千里。

43. ……	马 6 进 5	**44.** 仕五进四	车 7 平 6
45. 兵四进一	车 6 退 6	**46.** 仕六进五	车 6 进 5
47. 马九进八	车 6 平 7	**48.** 仕五进六	卒 2 平 3
49. 车二进三	象 5 退 7	**50.** 兵六进一	卒 3 进 1
51. 兵六进一	车 7 退 4	**52.** 车二退四	象 7 进 5
53. 车二进四	士 5 退 6	**54.** 兵六进一	将 5 进 1

红兵进底,老而不倦,深谋远虑。

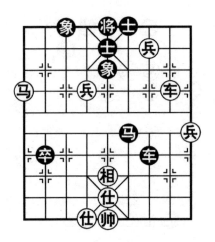

图 18－6

55. 车二退三　卒 3 平 4　**56.** 马八退九　车 7 进 8

红方回马,千钧之力。

57. 帅五进一　车 7 退 1　**58.** 帅五退一　车 7 进 1

59. 帅五进一　车 7 退 1　**60.** 帅五退一

以下黑只能将 5 平 4,车二平六,将 4 平 5,马九进七,钓鱼马杀。

 第 7 局　千钧一发　千金难求

如图 18－7 为杨官璘与胡荣华的一盘精彩对局。双方已进入第 25 个回合。

乍看枰面,红方逼兑黑车,黑方枰面上方的
空气已经凝固。可在这千钧一发之际,黑置
大车于不顾,走出了妙着:

着法:黑先胜。

26. ……　　炮 2 平 6

27. 炮八退六　炮 5 进 2

黑放弃马 8 进 6 可以得子的机会走出
了更巧妙的着法。

28. 前车进一　炮 6 退 2

29. 前车进二　炮 5 退 1

30. 前车退二　马 8 退 6

31. 前车平四　马 6 进 7

32. 帅四平五　车 4 平 8

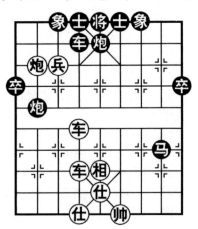

图 18－7

钓鱼马杀,红无解。

此局是千金难求的佳构。

 第 8 局　东瀛棋艺　蒸蒸日上

近来中国象棋正以较快的步伐走向国外。非华裔棋手的水平逐年提高,这是值得庆幸的。现以东瀛棋手间濑国雄与服部亚光的一盘对局为例,说明海外棋手的水平已蒸蒸日上。图 18-8 为双方激战 17 个回合后的局面,现轮红方走子。

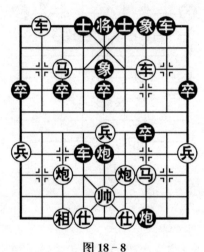

图 18-8

着法:红先胜。

18. 车三平四	卒 7 进 1	19. 炮四进七	车 8 进 8
20. 帅五进一	炮 7 平 9		

双方战斗惨烈。

21. 马三退一	车 8 平 4	22. 车八平六	后车退 6
23. 炮四平六	炮 5 平 3	24. 炮六平九	车 4 平 3
25. 马七进八	象 5 退 3	26. 炮七进四	……

红炮飘逸而出,连消带打,好似仙人出洞。

26. ……	车 3 平 9	27. 马八退七	象 3 进 5
28. 炮七平八			

钓鱼马牢牢牵制住黑将,红胜。

第9局　马奔钓台　鱼无处藏

在1998年全国象棋团体上,江苏徐天红以"钓鱼马"杀法战胜了浦东蒋志梁。如图18-9。

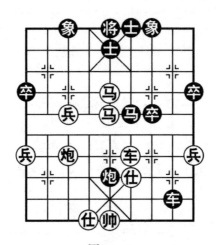

图18-9

着法:红先胜。

28. 前马进七　……

钓鱼马牢牢地牵制住黑将。

28. ……　　　车8平3　　**29.** 车四平六　（红胜）

黑如续走炮5退2则马五进四,士5进6,车六进六杀。

 第10局　南辕北辙　调虎离山

如图18-10,为广西秦劲松对山东侯昭忠弈完23个回合时的局面。以下黑以钓鱼马杀法取胜,着法十分精彩。

着法:红先黑胜。

24. 马五进七　马6进7

实施钓鱼马行动计谋。

25. 车二平四　卒7平6

红企图破坏黑钓鱼马攻杀计划,黑心生一计,反破坏红方计谋。

26. 车四退二　车7平4　　**27.** 车四进二　后车进2

28. 车四平六　车4平6

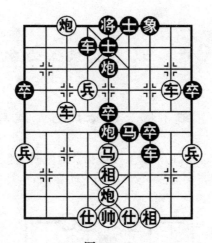

图 18 - 10

南辕北辙，钓鱼马计划得以圆满实现。

第1局　剥象闪将　双马饮泉

如图 19－1,是 1962 年北京柳玉栋对北京刘振洲在北京鼓楼弈出的实战残局。红方先行,利用抽将剥去黑象,再退马于肋道闪将,妙用"双马饮泉"杀法制胜。着法如下:

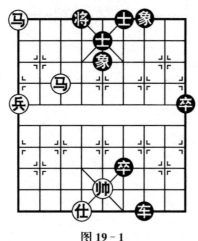

图 19－1

着法:红先胜。

1. 马七进八　　将 4 平 5

进将无奈,如改走将 4 进 1,则马九退八,红方速胜。

2. 马九退七　　将 5 平 4　　3. 马七退五　　将 4 平 5

4. 马五进七　　将 5 平 4　　5. 马七退六　　……

红方妙用"双马饮泉"杀法,先抽去黑象,再退肋马闪将,杀势已成。以下黑如将 4 进 1,则马六进八红胜。

5. ……　　　　将 4 平 5　　6. 马六进四　（红胜）

第2局　实战评析　双马饮泉

如图 19－2,是 1987 年 10 月,首届全国农民象棋赛浙江刘幼稚对福建郑乃

东冠亚军之争的实战形势,也是双方由顺炮直车对横车大战 22 回合演变而成。请看刘、郑二人的续弈:

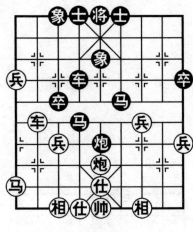

图 19－2

着法:红先黑胜。

23. 兵七进一　　……

挺七兵意在退车牵炮,但子力悬殊,形势落后,已无济于事。接下来黑方走车 4 平 8,红方即推枰认负。如果此着红方改走兵三进一,战局会导致黑方将以精彩、曲折的"双马饮泉"杀法而获胜,试演如下:

23. 兵三进一　马 6 进 7　　**24.** 帅五平四　马 7 进 8

25. 帅四进一　车 4 平 6　　**26.** 炮五平四　车 6 进 2!

伏车 6 平 7"马拉车"绝杀的凶着!

27. 车八退二　车 6 平 7　　**28.** 炮四平三　车 7 进 1!

暗伏炮 5 平 9 马后炮绝杀!

29. 兵一进一　车 7 退 2!

顺手牵羊,吃掉红方过河兵,伏炮 5 平 9 要杀,红如炮三平一,则车 7 进 4,帅四退一,车 7 平 5 杀,黑方这两个回合进车、退车"过门"清爽,次序井然!

30. 仕五退四　炮 5 进 1!

进炮隔车,妙手连发! 红方三路炮无疾而终,遭受黑方"马拉车"杀手的困扰依然存在。

31. 相七进五　车 7 进 3　　**32.** 帅四平五　车 7 进 1

33. 帅五退一　车 7 平 1!

先手斩去红方一马,红须防黑挂角马杀!

34. 仕四进五　马 4 进 6!

进马窥槽,伏双马饮泉杀,当然的好手!

35. 仕五进四　马 8 退 6　　**36.** 帅五平四　前马进 8

37. 帅四平五　马 6 进 7　　**38.** 帅五平四　马 7 退 5!

39. 帅四平五　马 8 退 6!

"双马饮泉"杀! 黑胜。

 第3局　急功近利　功败垂成

如图 19－3,是 1986 年江西彭泽"龙宫杯"六省市象棋邀请赛甘肃孙庆利对北京棋手的实战残局。黑方贪杀心切,错失胜机,反遭败北,追悔莫及,请看实战:

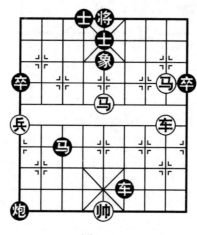

图 19－3

着法:黑先红胜。

1. ……　　　　马 3 进 1

同样要杀,应改走马 3 进 5,遮住红帅面,则使红方无以下实战所产生的战术手段,黑棋赢定。

2. 马二进三　将 5 平 6

出将乃最后的败着,应退车别马腿,红无杀棋。

3. 车二进五　象 5 退 7　　**4.** 车二平三　将 6 进 1

5. 马五进三　将 6 进 1　　**6.** 车三平四! 士 5 退 6

7. 后马退五　将 6 退 1　　**8.** 马五进六　将 6 进 1

9. 马三退二

红方弃车后,巧妙构成"双马饮泉"杀势,捷足先登,红胜。

第4局　蛱蝶翩跹　双马饮泉

如图19-4,是1990年全国象棋团体赛云南康宏对江苏廖二平的实战中局。通观枰面:黑方车炮虽被牵制,但双马却自由自在,形如蛱蝶飞舞,恰似"双马饮泉",现轮黑走,看其杀法:

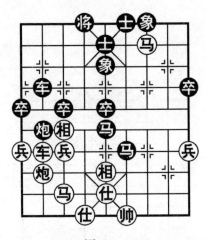

图19-4

着法:黑先胜。

1. ……　　　马5进7!

弃炮跃马,拉好"双马饮泉"之架势,佳着!

2.炮八平六　　……

如贪炮走炮八进二,则黑马7进8,帅四进一(若帅四平五,则马6进7,帅五平四,马7退5,帅四平五,马五进三杀),马6进8,黑速胜。

2. ……	马7进8	**3.帅四平五**	马6进7
4.帅五平四	马7退5	**5.帅四平五**	马5进7
6.帅五平四	马7退6	**7.帅四平五**	马8退6!

8.帅五平四　　……

如改走仕五进四,则黑马6进4踩炮照将抽车,黑方胜定。

8. ……　　　车2平7!

车移红方空门,集三子于一边,杀势渐成!

9.马七进五　　……

如改走仕五进四吃马,则马6进4,成八角马要杀兼踩车,黑方胜定。

9. ······　　車7进6　**10.** 帅四进一　后马进8

11. 帅四进一　車7退2　**12.** 帅四退一　車7进1

至此,车马双将,黑胜。以下红如帅四进一,则車7平6杀;又如红帅四退一,则車7进1杀。

 第5局　掌握战机　双马擒王

如图19-5,是1992年全国象棋个人赛中弈出的局面。临阵红方接走帅五进一捉炮,几经周折,双方弈成和局。倘若红方抓住战机,能以双马饮泉成杀。着法如下:

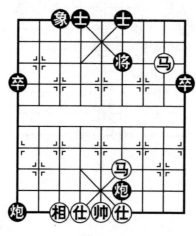

图 19-5

着法:红先胜。

1. 马四进二　象3进5

只能飞象解杀。如改走炮6退5也无济于事,则红马二退四,士6进5,马四进二,象3进5,后马进四,炮1退3,马四进三,再马三退五杀。

2. 后马进四　炮6平7　**3.** 马四进三!······

进高吊马钉住黑将,伏马三退五杀,好手!

3. ······　　象5退3　**4.** 马二退四　炮1退3

5. 马四进六　(红胜)

下着马六退五,双马盘旋饮泉而胜。

第6局　双马盘旋　功似太极

如图 19-6,是 1991 年 6 月 14 日至 6 月 24 日,由台湾象棋协会举办的港(赵汝权)、台(吴贵临)棋王 10 局争霸战。这是吴、赵棋王第 5 局战至 84 回合的残局形势。请欣赏红方双马盘旋推进,功似太极推手般的赢棋过程:

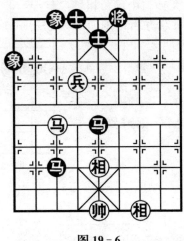

图 19-6

着法:黑先胜。

84. ……　　　　　马 3 退 4!

退马管兵,紧要之着!

85. 帅五进一　　象 1 进 3!

飞象顶马消灭红过河兵,好棋! 向玉皇顶迈进一大步。

86. 兵六平七	马 4 退 3	**87.** 马七退五	马 5 退 7
88. 马五进三	马 3 进 1	**89.** 帅五退一	马 1 进 2
90. 帅五进一	马 2 进 3	**91.** 帅五平六	马 7 进 5
92. 马三退五	马 3 退 4	**93.** 帅六退一	马 5 进 3
94. 帅六平五	马 3 进 1	**95.** 相五退七	马 1 退 2
96. 马五退六	马 2 进 3	**97.** 相三进五	将 6 进 1
98. 相五进三	马 4 进 3		

双马盘旋,犹如太极推手、渴骥饮泉。以下红方无论走相三退五或帅五平六,黑方都可以后马进 1 破相而获胜。

第7局　枰通五洲　谊贯全球

如图19-7,是1993年4月北京第3届世界象棋锦标赛第3轮非华裔组德国罗伯特·许普纳与中国徐天红相遇时的一场激战谱;也是国际象棋特级大师与中国象棋特级大师的遭遇战。图例乃双方由中炮直车七路马对屏风马双炮过河战至29回合时的中残局形势,洋棋手开、中局面良好,唯因残棋功夫稍逊一筹而落败。参加这次比赛的34名非华裔棋手,来自日本、新加坡、意大利、加拿大、越南、荷兰、法国、德国和美国,真是一枰通五洲,友谊贯全球。

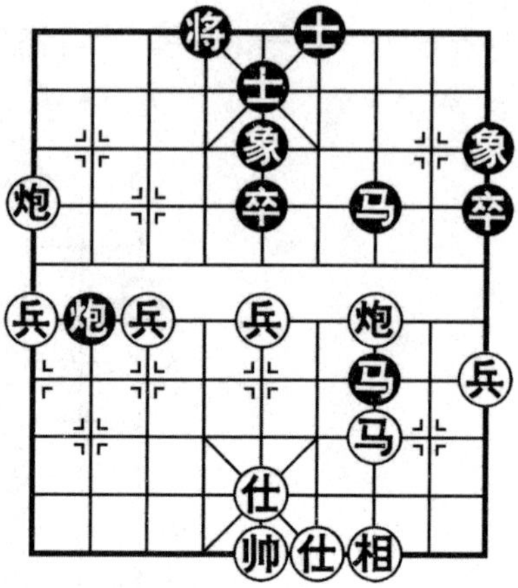

着法:黑先胜。

图 19 - 7

29.……	炮2平5		
30. 仕五进六	后马进5		
31. 炮三平二	炮5平7	**32.** 马三退五	……

如改走马三进五,则黑马5进6,黑方有卧槽和镇中炮的强烈攻势,红方亦不好应付。

32.……	马7进8	**33.** 马五退七	马5进6
34. 炮二进五	象9退7	**35.** 仕四进五	……

补士助黑先手镇上中炮造成局面更加被动,不如炮九平一吃卒静观其变。

35.……	炮7平5	**36.** 相三进五	马6进7

跨马卧槽,双马在中炮的助攻下,已构成了"双马饮泉"的杀势,红方弈至此,主动投子认负。如续战下去将是:帅五平四(帅五平六,炮5平4,闷杀黑胜),马7退5,帅四平五(帅四进一,马5退7,黑胜),马8退6,帅五平四,炮5平6,马后炮杀,黑胜。

第8局　回环跳跃　曲折盘旋

如图19-8,是1979年第3届全国运动会中国象棋决赛阶段河北李来群对北京臧如意,弈完61回合时的残局形势。红方先行,双马盘旋,以兵助攻,巧借帅力,精彩入局,令人赞赏,实战着法如下:

着法:红先胜。

62. 马九进七　将5平6

63. 兵三进一　炮1平4

64. 兵三进一！……

老兵叫将，着法巧妙，耐人寻味！如改走马四进二，则炮4退5，别马腿，黑将可安然进中，红方暂难下手。

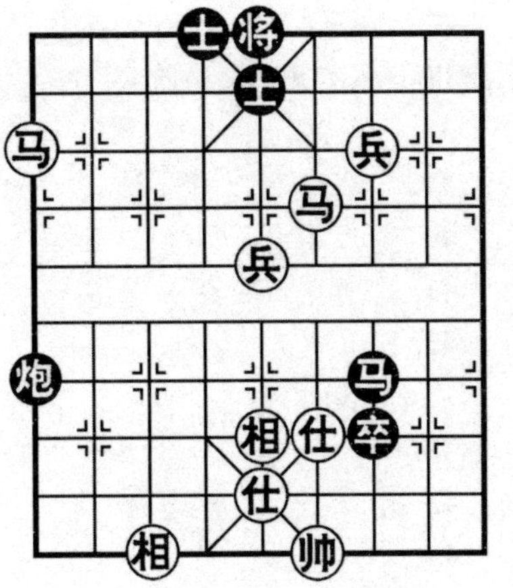

64. ……　　　将6进1

65. 马四进二　将6进1

66. 兵五进一　炮4退5

67. 马七退九！……

以退为进纵横驰骋，伏退七捉炮叫杀！

67. ……　　　马7退5

68. 马九退七　炮4进2

进炮别马腿解杀，很是无奈，除此一着，别无他法。

69. 相五进七　……

死子不急吃，飞相着法奥妙，算度深远。

图 19-8

69. ……　　　卒7进1　　**70.** 相七进九　卒7平8

71. 帅四平五　卒8平7　　**72.** 仕五进六　……

是飞相后的连续构思，弃仕露帅助攻，着法紧凑。

72. ……　　　马5进4　　**73.** 帅五进一　卒7平6

74. 帅五进一　马4退5　　**75.** 兵五平六　……

此时以兵去炮，可谓瓜熟蒂落。以下红方两匹渴骥借助底兵和帅力痛饮山泉，精彩入局。

75. ……　　　马5退4　　**76.** 马二退三　将6退1

77. 马七进六

至此，红方胜定。以下黑如续走马4进6，则马六退五，马6退5，马三进二，将6进1，马五退三，红胜。

第9局　把握机遇　攻不忘守

如图 19-9 为越南梅青明对马来西亚詹国武的一盘对局。双方已弈完33个回合。现轮红方行棋。

着法：红先胜。

34. 前马进七　将5平4　　**35.** 马九进八　炮4进1

36. 马七退八　将4平5　　**37.** 后马进七　炮4退1

进马踩炮千钧之力。在迫使黑方逃跑的战机中酝酿出"双马饮泉"的凌厉攻势。

38. 马八进七　　将5平4

39. 后马进八　　将4进1

40. 炮六平九　　马6进8

41. 马七退八　　炮4平3

42. 仕五进六　　……

攻不忘守。

42. ……　　　　马8进7

43. 帅五平六　　炮9平4

44. 仕六退五　　马7退6

45. 帅六进一　　炮4退4

46. 炮九进二　　炮3退3

47. 马八进七

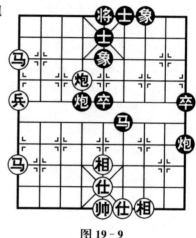

图 19 - 9

以下黑不能退马照将,否则马七退六反照。黑只能将4退1,则马七退五,将4平5,马五进三,红二马饮泉胜。

值得一提的是,非华裔棋手已能下出如此高质量的对局,相信中国象棋不久一定能在世界范围内普及。

 第10局　渴骥饮泉　掠炮制胜

如图19-10,是1988年4月孝感全国象棋团体赛女子组河北刚秋英对安徽孙丽的实战残局。红方双马兵占位极佳,利用先行之机,双马纵横驰骋犹如渴骥饮泉,最后以兵掠炮而胜。

着法:红先胜。

1. 马六进七　　将5平4

2. 马七退五　　将4进1

黑方上将必走之着,如改走将4平5,则马五进三,双马饮泉杀,红速胜。

3. 马五退七　　(红胜)

至此,黑方认负。以下黑必走炮8平3,红兵八平七去炮后多子胜定。

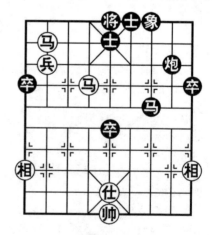

图 19 - 10

第二十章　千里照面杀法的妙用

第1局　弃炮献车　千里照面

如图 20-1,是 1980 年北京市"智慧杯"象棋赛殷广顺对马云海弈成的残局形势。现在轮红方走棋,请欣赏一气呵成的"白脸将"杀局:

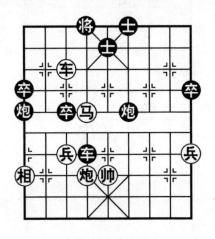

图 20-1

着法:红先胜。

1. 车七进二　将 4 进 1　　2. 车七退一　将 4 退 1

3. 马六进七!!……

进马弃炮成"拔簧马"杀势,妙着!为"对面笑"杀法做铺垫。

3. ……　　　车 4 进 1

如改走车 4 平 5,则帅五平四,车 5 退 4,车七进一,将 4 进 1,马七退六抽车,红方亦胜定。

4. 帅五退一　车 4 进 1　　5. 帅五退一　车 4 退 6

6. 车七进一　将 4 进 1　　7. 车七平六!!!

绝妙的献车,堪称构思精妙!以下黑士 5 退 4,则红马七进八成"千里照面"杀,红胜。

第2局　弃车吸引　一步入杀

如图20-2,是1988年全国象棋个人赛宁夏任建国对上海胡荣华的实战中残局。现轮黑方走棋,特级大师胡荣华利用千里照面杀法为基石,采用弃子吸引术抢先一步杀红,实战着法如下:

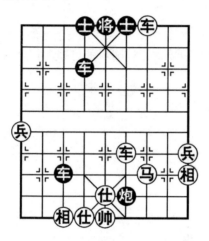

图 20-2

着法:黑先胜。

1. ……　　　车4进7!

红方认负,因为接下去红方只能帅五平六,则黑方车3进2杀!黑胜。

第3局　横扫千军　势如卷席

如图20-3,是1980年3月1日福建省六市职工象棋团体赛第3轮福州谢维流对泉州许马达,由"半途列炮"开局弈至10回合时的形势。红方利用黑方漏着,乘机追击,最后弃炮构成千里照面绝杀。实战着法如下:

着法:黑先红胜。

10. ……　　　炮5退1

企图平7路打车,忽略红方闪击、闷宫捉车,大漏着。

11. 车三平二!　炮5进5　　12. 马七进五　车6平8

13. 车二进一　车8退2

黑方被迫送炮解杀,然而局面未得缓解,局势急转直下,难逃败局。

14. 车八平七　马7进8　　15. 马五进六　士6进5

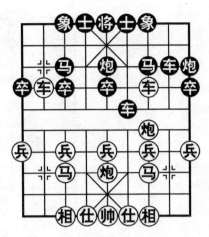

图 20-3

16. 炮三平七 马 3 退 1　　17. 车七平五 象 3 进 5

18. 车五平九 马 1 退 3　　19. 车九平三 将 5 平 6

20. 炮五平四 将 6 平 5

以上一段,红方炮镇中,马活跃,车横扫千军,如入无人之境,黑方只有招架之功,毫无还手之力。

21. 马六进八! 马 3 进 2

如改走炮 9 退 1,则车三进三! 士 5 退 6[如象 5 退 7,则马八进七,炮 9 平 3(如将 5 平 6,则炮七平四杀),炮七进五闷宫,红胜],马八进七,炮 9 平 4,炮七进五,将 5 进 1(如士 4 进 5,则炮四平八,士 5 进 6,车三退一,红胜),马七退六! 炮 4 进 1(将 5 平 6,车三平四! 杀),车三退一,红胜。

22. 炮七进五!

绝杀,红胜。以下黑如象 5 退 3,则车三进三,千里照面杀;又如改走马 2 退 3,则马八进七,将 5 平 6,车三平四,卧槽马杀,红方亦胜。

 ## 第 4 局 推窗望月 决胜千里

如图 20-4,是 1991 年"红塔杯"世界象棋锦标赛中国李来群对中国台北吴贵临的实战残局形势。红方正以兵力雄厚而觉胜利在望,但忽略缺相怕炮、马和兵速度缓慢的弱点,这些恰被黑方先行所利用,突然巧施"千里照面",令红落败。

着法:黑先胜。

1. ……　　　　象 5 进 3!

获胜的关键佳着！推窗望月，下伏"千里照面"杀着。

2. 车七平五　炮4平5！

红方若改走车七平六以防"千里照面"，则车3进3，车六退六，炮4平7绝杀。黑方垫炮解将还杀！当然之着。

3. 帅五平六　车3平4

4. 帅六平五　象3退1

落象，攻不忘守，着法细腻。

5. 马九进七　炮5进1

6. 车五退四　士4进5

7. 兵一平二　车4退4

8. 马七退八　将5平4

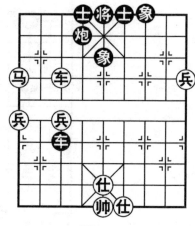

图 20－4

至此，红方只有以车唷炮解铁门栓杀。局势形成黑方一车对红方马双仕的实用残局，属于例胜残局，红必败无疑。

编者按：此局黑方因妙用"千里照面"杀法而最终获胜，虽转成"铁门栓"杀势，但根在"千里照面"上，故将该局列入本节内容。

 第5局　炮轰敌士　底线建功

如图 20－5 为河北尤颖钦对广东陈丽淳两位女子大师于 2005 年在太原战至第 34 个回合时的局面，现轮黑方走子：

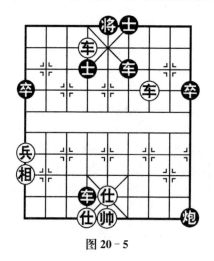

图 20－5

着法：黑先胜。

34. ……　　炮9平4

35. 车三平五　士6进5

36. 车六平九　将5平6

37. 车九进一　将6进1

38. 车九退三　炮4平2

39. 车五平一　炮2退9

40. 车一平四　炮2平5

炮轰红仕后现又退回底线，红如续走车四进一，将6进1，车九平四，将6平5，车四退五，车4平2，下一着千里照面胜。

第6局　马换双象　弃炮入局

如图20-6为"嘉周杯"象棋邀请赛上,许银川与柳大华争夺冠军之战弈至第17个回合后的形势。由于黑7路炮可以防守红马扑槽,故红方采取马换双象的强硬攻击手段。

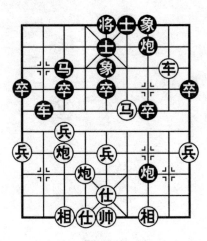

图20-6

着法:红先胜。

18. 马四进五	象7进5	**19.** 车二平五	马3退4
20. 车五退一	马4进2	**21.** 炮六进四	卒9进1
22. 车五退二	车2平4	**23.** 炮六平五	士5进6
24. 炮五平一	士6进5	**25.** 车五平二	车4退1
26. 车二进五	士5退6	**27.** 炮一进三	车4平9
28. 兵五进一	马2进4	**29.** 炮七平五	后炮平5
30. 炮五平四	炮5平6	**31.** 炮一平四	士6退5
32. 后炮平五	炮7退1	**33.** 炮四平三	车9平7
34. 炮三退四	炮6退1	**35.** 炮三平五	马4进5
36. 兵五进一	炮7平1	**37.** 车二退一	车7进6

黑此着杀相为以下红用千里照面杀敌创造了条件。

38. 仕五退四	车7退3	**39.** 车二平五	将5平4
40. 车五进一	将4进1	**41.** 兵五平六	炮6平8
42. 车五退三	炮1平2	**43.** 炮五平六(红胜)	

红弃炮将军让开中路,以下黑必然走车7平4,则车五平六千里照面杀。

第7局 主帅瞭阵 双炮齐鸣

如图 20-7 为 1998 年在太原市唐久大厦举办的"五粮醇杯"象棋国手超霸赛上,吕钦对刘殿中苦斗 82 回合时的枰面,目前红双炮低兵单仕对黑单炮单象低卒。红方要想取胜,"千里照面"杀法是最佳选择。下面是红方取胜着法:

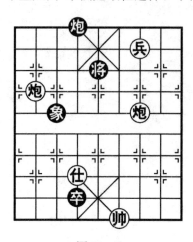

图 20-7

着法:红先胜。

83. 帅四进一	将 5 平 4	84. 炮三退四	炮 4 进 7
85. 炮三平六	将 4 平 5	86. 炮八退六	炮 4 退 6
87. 炮八平五	炮 4 退 1	88. 帅四进一	炮 4 平 1
89. 炮六平五	将 5 平 4	90. 兵三平四	炮 1 平 4
91. 帅四平五	将 4 退 1	92. 前炮平二	将 4 进 1
93. 炮五平三	炮 4 平 5	94. 炮三平六	

下一着以炮二平六千里照面胜。

 第8局 撑士露将 车卒建功

如图 20-8,为北京傅光明与哈尔滨张晓平战至 45 个回合时的局势,观枰面,双方虽大子相同,但红方仕相残缺殆尽,且黑方大车雄踞中路,黑方形势明显占优,下面请看黑方如何入局:

着法:黑先胜。

45.……	炮 7 平 6	46. 炮九进四	卒 5 进 1

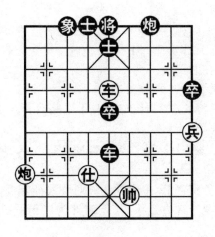

图 20 - 8

47. 炮九平一　卒 5 平 6　　**48.** 车五平四　卒 6 平 7

以下车四平六,士 5 进 6,炮一平四,车 5 平 6,千里照面杀。

第9局　　回马喂将　　一锤定音

如图 20 - 9,为南京伍霞与北京常婉华弈完 45 个回合后的残局形势。此时双方子力虽大致相同,但红方子力位置优于黑方且有先行之利,以下请欣赏红方入局的精彩着法:

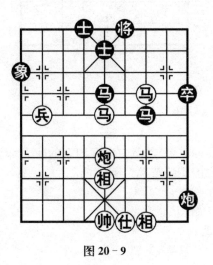

图 20 - 9

着法:红先胜。

46. 马三进二　将6进1　　**47.** 相五进三　炮9平8

48. 马五进三　马5退7　　**49.** 炮五平三　前马进9

50. 炮三退二　炮8退6　　**51.** 炮三平四　马9退8

黑方尚未察觉潜在的危机。

52. 仕四进五　象1退3　　**53.** 马二退四

一锤定音,以下黑将6进1,仕五进四,千里照面胜。

第10局　将军脱袍　以少胜多

在第二届亚洲杯象棋赛上,中国陈孝坤对阵菲律宾龚嘉祥,图20-10为二人战成的残局形势。现轮红方走子,接图对弈为序请看陈孝坤如何以"千里照面"之术入局:

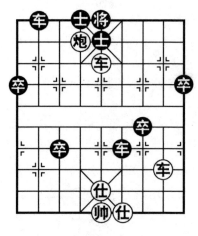

图 20-10

着法:红先胜。

1. 车二进七　车6退6　　**2.** 车二平四　将5平6

3. 车五平三　将6平5　　**4.** 仕五退六

将军脱袍,千里照面杀,黑虽具有一车四卒的实力,但面对红方露帅造杀却一筹莫展,为不可多得的实战范例!